児童福祉施設・保育所

子どもの危機対応マニュアル

監修
立教大学コミュニティ福祉学部教授
浅井春夫

建帛社
KENPAKUSHA

はじめに

　児童福祉施設・保育所の現場は，常に危機的状況に直面しており，その局面に対するすばやい対応が求められている。しかし実際にはそうした危機に対応できずに，問題をより一層深刻化させている現実も少なくない。

　児童福祉施設・保育所における事故による死亡事件や職員による虐待行為が残念ながら相次いでマスコミで取り上げられているが，そうした事態に対応することは，施設の運営・管理責任が問われる問題であり，人権尊重を具体化するひとつの実践基準が危機対応マニュアルである。

　とくに児童福祉施設は，危機の連続の中でしごとをすることが求められている。その危機の局面にどう対応するのかが専門性の中身であるといっても言い過ぎではなかろう。

　そうした課題を踏まえ，2006年度の立教大学コミュニティ福祉学部の浅井ゼミの研究テーマを「児童福祉施設における危機対応マニュアル」づくりとし，1年間をかけて作成した。

　それぞれが実習に行き，そこで考えたこと，文献から学び取ったこと，そして議論を重ねて，工夫を凝らした冊子にまとめることができた。それをもとに生まれたのが本書である。現場の危機対応に，実践者の日々の自己点検に，実習生の事前学習として活用していただければ幸いである。

　本書の特徴をあげておくと，第1に日常的な危機的状況にどう対応すべきかを具体的に提示し，フローチャートによって時系列で対応の手順を示している。その点では，危機対応の流れが一目で理解できる工夫をしている。マニュアルという語感には，やや安易な手引き・ハウツー本の響きがあるが（その点でもゼミのなかでだいぶ論議した），私たちは「実践の最低基準」（誰もが実践できなければならない内容）としてのマニュアルと考えている。

　第2の特徴は，できるだけ自分で状況確認ができるように，チェック表を盛り込んでいる。危機対応を管理者や指導者に任せるのではなく，自らが主体的に危機にどう対応するのかを考えてもらうことを大切にしている。全体をまずは読んでいただくことで，さまざまな局面を想定することができ，対応するための基礎知識を学ぶことができる内容となっている。

　第3に，危機対応マニュアルに完成版などというものはなく，使いながら改定をしていくものであるべきである。その点では，不十分なところがたくさんあることはいうまでもない。むしろもっと具体化すべきところがあることを実践的に改善していただくことが本当の活かし方であると考えている。その点で，危機対応マニュアルは常に発展版をめざした"未完成品"であると考えたほうがよい。

　私たちは，これまでの危機対応マニュアル，リスクマネジメントに関す

る文献を踏まえながら，実際の現場状況を想定して，具体的な課題への対応を基本として編集している。

　全体の監修は，指導教員である浅井が行ったが，各章は，ゼミ生が調べ，報告し，集団で検討することを通してまとめたものである。浅井ゼミの仲間は，浅野あずみ，飯塚佑子，大山綾子，小林敦代，仁科逸葉，丸山寛子，望月琴恵，森道子である。

　まとめてみて，本書を現場の先生方に活用していただけることを願い，また学生が実習に行くうえで，ミニマムエッセンスとして学んでもらいたいと期待している。できれば，浅井編著『シードブック子ども福祉』（建帛社）とあわせて読んでいただければ幸甚である。

　末筆で恐縮だが，建帛社の根津龍平氏より多くの提案とアドバイスをいただくことで本書は完成にこぎつけることができた。心より感謝申し上げる。

　読者のみなさんには，忌憚のないご批判・ご教示をいただきたいと願っている。

　　2007年4月

監修者　浅井春夫

もくじ

第1章 児童福祉施設・保育所における"危機"とは何か …… 1

第2章 本書の活用法 …… 4
- 2−1 有効に活用するために …… 4
- 2−2 活用する前に …… 5
  - ❶ 本マニュアルの構成について　5
  - ❷ 日常的な危機予防について　6

第3章 施設内事故への対応 …… 8
- 3−1 負傷・急病時の対応 …… 8
  - ❶ 負傷・急病時の対応と手順　8／❷ 救急蘇生　9
  - ❸ 喉にものを詰まらせたとき　10／❹ 誤飲　11
  - ❺ けいれん発作時　12／❻ 熱傷時　13
- 3−2 感染症への対応 …… 14
  - ❶ O157感染症　14／❷ 疥癬症　15
  - ❸ 小児伝染性感染症　15／❹ 血液媒介型感染症　16
- 3−3 食中毒への対応 …… 17
- 3−4 災害，避難時の対応 …… 18
- 3−5 不審者侵入時の対応 …… 19

第4章 暴力問題への対応 …… 20
- 4−1 子どもによる暴力 …… 20
  - ❶ 対象　20／❷ 対応手順　21／❸ 発覚時対処法　22
  - ❹ 個別状況確認　23
- 4−2 職員による暴力 …… 27
  - ❶ 暴力例　27／❷ 対応　27

第5章 性的問題行動への対応 …… 28
- 5−1 性的問題行動の予備知識 …… 28
  - ❶ 性的虐待とみなされる「性的行為」のタイプ　28
  - ❷ 起こりやすい場面・環境　28／❸ 被害・加害の関係　29
- 5−2 職員の対応姿勢 …… 29
- 5−3 声かけの例 …… 30
  - ❶ 性的問題の現場に遭遇　30／❷ 後から発覚した場合　31
  - ❸ 軽度の問題行動−小学生の露出など−　33
- 5−4 全体を通しての性的問題行動への対応 …… 34
- 5−5 補足 …… 36

第6章 その他の問題行動への対応 …… 38
- 6−1 問題行動への対応 …… 38
- 6−2 問題行動の種類 …… 38

  6−3 それぞれの場合での対応 ……………………………………… 39
    ❶ 不登校　39／❷ 恐喝　40／❸ 自傷行為　41
    ❹ いじめ　44／❺ その他の問題行為　45

第7章　安全な外出・外泊への対応 ……………………………… 46
  7−1 外出 ……………………………………………………………… 47
    ❶ 子どもだけで外出する場合　…買い物など　47
    ❷ 子どもが職員と一緒に外出する場合　…お出かけ，
     散歩など　48
  7−2 外泊 ……………………………………………………………… 49
    ❶ 学校等団体の旅行で外泊する場合　…修学旅行，
     部活の合宿など　49
    ❷ 親元へ外泊する場合　50
  7−3 所在不明・無断外出が起きたときは ………………………… 51
  7−4 交通事故への対応 ……………………………………………… 52
  7−5 誘拐事件への対応 ……………………………………………… 53

第8章　事故発生後の保護者への連絡と対応 …………………… 54
  8−1 事故発生後の連絡と対応 ……………………………………… 54
  8−2 事故発生直後の保護者への連絡と対応 ……………………… 55
  8−3 その後の保護者への連絡と対応−短期・中期・長期的取り組み− 56
  8−4 事故記録簿 ……………………………………………………… 58
  8−5 情報の取り扱い ………………………………………………… 59

第9章　ネットワーク ……………………………………………… 60
  9−1 ネットワークとは何か？ ……………………………………… 60
    ❶ 求められる支援のあり方　60
    ❷ ネットワークをつくるうえで注意すべきこと　60
  9−2 さまざまなネットワーク ……………………………………… 61
    ❶ 地域のネットワークと専門機関のネットワーク　61
    ❷ 同じ機関内の連携と他機関との連携　63
  9−3 子どもが暮らすコミュニティ ………………………………… 64
  9−4 関係機関一覧（書き込み形式） ……………………………… 66

参考文献・資料 ……………………………………………………………… 73

第1章 児童福祉施設・保育所における"危機"とは何か

実践現場の局面と専門性

　危機に対応する課題とは，まず子どものいのちを守るための初期対応であることが問われる。児童福祉・保育実践における専門性として，子どもの生活環境のなかに生起する発達の危機という局面への判断と対応が求められている。

　現在問われている児童福祉・保育の専門性を定義風にいうと，「保護を要する」「保育に欠ける」子どもとその家族および地域の子育て問題に対する解決・援助・協同能力であるといえる。児童福祉・保育領域における局面は，それまでのどの場面ともまったく同じという場面はない。毎日がその一回かぎりの局面に対する実践者の判断と対応能力が問われているのである。具体的には，①実践現場における対面的な局面がある。子ども同士のけんかの場面での対応，子どもが行方不明になったときの対応，さらに子どものさまざまな問題行動への臨機応変な対応など，日常の実践は局面の連続としてある。その初期的対応の誤りが大きな事故につながる可能性が児童福祉施設・保育所においてはあることを自覚しておくことが必要である。

　つぎの局面として，②児童福祉施設・保育所の運営における局面がある。たとえば虐待を発見したケースがあった場合，緊急かつ適切に施設としての対応がなされるかどうかである。この運営における専門性とは，すべての職員が力を発揮できているかということであり，園長・管理者の専門性として問われている課題であり，職員のチームワークが問われる専門性でもある。

　さらに，③時代と歴史における局面での子どもにかかわる実践者としての専門性がこの時代のなかで試されている。子どもを大切にする国への針路をとっているのかどうか，子どもの未来についての危機をどうとらえるのかが問われている。目の前の子どもだけに一生懸命にしごとをしていればいいのではなく，子どもの現在と未来に責任をもつために，それぞれの局面に誠実に向かい合うことが専門職に求められている。

児童福祉施設における危機とは

　まず危機とは何かについて考えると，危機とは「大変なことになるかも知れないあやうい時や場合。危険な状態」（『広辞苑』）ということである。これを児童福祉分野でいえば，①子どものいのちやからだの安全が脅かされることである。これがまず最大の危機である。子ども間の暴力やリストカットが横行している状況なども含まれる。②子どもの安心感が脅かされ，不安のなかで恐怖心を抱えて生きている状況である。深刻ないじめが一部の子どもを標的にして繰り返し行われている状況などである。③子ども自身の自暴自棄的な行動も大きな危機である。無断外出・無断外泊，自殺企図，ドラッグの使用など，子どもの自己肯定感・観の低下と施設管理への反発としての意味を持った行動でもある。④子どもが反社会的な行動を行うことも深刻な危

機である。暴走行為や万引きなどの犯罪行為などである。この危機は，子どもが自らの行為の問題─自らの人生にダメージを与え，他児をも巻き込むなど─をとらえることができないという危機である。それは繰り返される可能性が高いという意味でも深刻な危機といえよう。最後に，⑤職員の側からの人権侵害や安全管理も含めて管理責任が放棄されている状況もきわめて深刻な危機であるといえよう。厚生労働省から幾度となく施設運営や職員による人権侵害についての通知などが出されてきたが，改善がすすんでいるとはいえない実態がある。⑤の危機がある施設では，①～④の危機が混在していることが多いことはいうまでもないことである。

保育所における危機とは

保育所において2000年度から2005年度までの6年間で，61件の子どもの死亡事故が発生しており，認可保育所（2006年3月現在，2万2,635か所，入所児童数約215万人）で18件，認可外保育施設（2005年3月現在，1万1,547か所，入所児童約23万人）においては43件となっている。このなかには，SIDS（乳幼児突然死症候群）がほとんど含まれておらず，保育者の虐待行為やネグレクトによる死亡事故が見落とされていることも注意を喚起しておきたい。

保育所における危機とは，まず，①けがや急病・感染症などの発生という状況があげられる。この危機への初期対応は決定的に重要である。また，②施設内事故を危機としてとらえる必要があろう。その点では危険な箇所（門，階段，ドア，ガレージなど）や器具（すべり台，ハサミの管理，ストーブなど）についての日常的なチェックが必要である。③子どもたち同士のいじめも被害児に深刻なダメージを与えることが少なくない。④保育者の子どもへの虐待行為もあげておかなければならない。身体的虐待だけでなく，心理的な虐待，目的意識的なネグレクト，さらに時として性的虐待が発覚することもある。その発見率はきわめて低いのが実際であろう。その点では，保育所の運営管理のレベルが問われているのである。

危機をとらえる基本的視点

専門施設における危機は多岐にわたっている。危機をどのようにとらえているのかは，何を危機対応の対象ととらえるのかの前提条件である。そこで危機をとらえる基本的な視点を提示しておこう。

まず子どものいのち・健康が脅かされている状況であり，生活の土台が確立されていない問題である。第2に，子どもの人権が侵されている状況である。人権侵害とは，人間の尊厳が脅かされている状況である。その内容は，プライバシーの侵害，アイデンティティ（自分らしさ）の否定，自己決定が踏みにじられている状況である。そうした視点で事態を分析することが必要である。第3に，子どもの発達が侵害されている現実である。児童福祉施設も保育所も本来子どもが生活し発達を保障する場所である。その本来の機能が発揮されていないことこそ危機の本質であるといえる。第4として，人間関係の危機をあげておきたい。児童福祉実践は子どもとの人間関係と職員のチームワークを通して成り立つものであるが，その人間関係がズタズタで，不信感を募らせている現実が危機の側面なのである。

危機に対応できるちから

　危機は突発的に目の前で起こることが多い。また私たちおとなの目が届かないところで起こることも少なくない。そうした現実を踏まえて考えると，危機に対応できるちからとは，まず危機の中身を想定し，どのような出来事が起こる可能性があるのかを学んでおくことである。人間は一定の予想をし，学ぶことで不測の事態に対応できる可能性が広がる。つぎに職員のチームワークがしっかりと形成されていることが集団的な対応能力を発揮できることになる。その点で，日常的なしごとのあり方に関してどこまで危機への対応を論議しているのかが重要である。「ヒヤリハット報告」を児童福祉分野でも義務づける運営が求められている。さらに危機対応マニュアルを定期的に見直し，修正・補足していく取り組みが必要である。危機に対応できるちからは，職員の努力によって醸成されていくものであり，努力をするかどうかが現場に問われているのである。

５つのＹ

　さいごにいま子ども福祉の専門職に問われるちから――"５つのＹ"についてまとめておこう。５つのＹとは，①ゆらぐことのできるちから，②ゆずらないことをもつちから，③勇気とやる気を持ち続けるちから，④ヨカッタ探しができるちから，⑤よく学ぶちからの頭文字をとったものである。

　①ゆらぐことのできるちからとは，福祉・保育実践におけるジグザグや試行錯誤，"失敗"を大切にした実践の振幅性のことをいう。"確固とした信念"で子どもとのかかわり方がまったく変わらない実践は，子どもの変化に対応できない実践となっていることも少なくない。どうも今日のＡちゃんへのかかわりはうまくいかなかったので，明日はこうやってみようというように，ゆらぐちからは実践の柔軟性の土台である。②ゆずらないことをもつちからは，①の反対のことを言っているようだが，子どもであっても許してはいけないことをもつことである。人権を侵す行為に対しては明確な態度を示すことが必要である。とくに「暴力の文化」が浸透してきつつある現在，「平和の文化」という価値を伝えていくうえでもこの点は大切である。③勇気とやる気を持ち続けるちから，これも実際には大変な課題である。子どもの成長と家族の現実から何が実践に求められているのかを問い直すことである。④ヨカッタ探しの視点で，子ども，仲間，情勢を見つめることができるちからが求められる。⑤よく学ぶちからは，①～④のちからをはぐくむためにも必要なことである。独習としての読書を続け，集団学習としての研修などに参加し続けること，いま自己変革をし続けることこそ私たちに求められている専門職の基本姿勢なのではなかろうか。

　なお，第３章から第９章の冒頭に，「心構え」としてそれぞれの危機のとらえ方と基本的な対応スタンスを示している。「心構え」はやや古めかしい用語の響きをもつが，辞典に従っていえば，「心の用意・覚悟」とあり，そうした実践に向かうあり方を表現した用語として使っている。

第2章 本書の活用法

本書の活かし方

　児童福祉施設・保育所および職員ひとりひとり，また子どもと関わる立場のおとな，実習生には，子どもたちの"安心と安全"を守る姿勢と努力が求められている。実践の最低基準として子どもたちの"安心と安全"を守るためには，起こりうる危機を想定して対策を講じ，また想定外の危機に遭遇しても落ち着いて対応できるように準備をしておく必要がある。

　児童福祉施設や保育所，さらに家庭生活においても，さまざまな危険（危害や損失の生ずるおそれのあること），危機（大変なことになるかもしれないあやうい時や場合）の落とし穴が待ち受けている。不意に訪れる危機に慌てて対応することによって，より一層事態を深刻化させてしまうこともある。そのような事態を防ぐためにも，ある程度の危機を想定して対応方法を学び，身につけることが重要である。また，最も深刻な危機は子どものいのちにかかわる事態であり，危機対応の際にまず大切にすべきことは，子どものいのちを守ることである。そのことを念頭に置いてさまざまな危機について学ぶことは，想定外の危機ではなく，適切な対応がとられることにつながっていく。

　その意味で，本書は子どもと関わるすべてのおとなたちが知っておくべき危機対応がマニュアル化されている。マニュアルとは，実践の最低基準であり，さまざまな危機のバリエーションに対応できるための基礎である。本書では文章をできるだけ少なくして，危機対応の手順をフローチャートなどでビジュアル化することに努力している。その点では，初期対応とおおよその流れを学べるようにしている。対応の基礎を踏まえて，対応方法を具体化していくことが本書の活かし方となることを願っている。

　保育士養成の副読本としても，また実習関係の授業のテキストとしてもぜひ活用していただきたい。

2-1 有効に活用するために

　日常生活，とくに子どもの生活には危険や危機がつきものであり，事前に本書に目を通しておくことが大切である。そうすれば危機に直面した際に慌てずに対応できるだけでなく，日ごろから危機を予防するための対策なども整えることができる。

> そこで，本マニュアルをより有効に活用するための3つの原則を提案します！！

（1）職員・実習生・おとなが日常的に活用していること

→職員・実習生・おとなが日常的に本マニュアルに目を通しておくことによって，起こりうる危機についての理解を深め，日常的に危機の予測や予防を行えるようにする。

（2）職員集団での定期的な読み合わせをすること

→施設および職員，実習生ひとりひとりが危機対応への意識を高め，それを重要な課題として認識できるよう，定期的に本マニュアルを読み合わせする機会をもつことが大切である。

（3）ロールプレイングなどを通して実践力を養うこと

→危機が起きてしまった際に施設および職員，実習生として落ち着いて対応できるよう，本マニュアルを読み合わせるだけでなく，ロールプレイングなどの方法も取り入れて実践力を養うことを大切にする。

2-2 活用する前に

❶ 本マニュアルの構成について

このマニュアルは，＜危機対応の一連の流れ＞の各段階をほぼ網羅しているが，特に危機が発生した際の「緊急的な初期対応」の部分に焦点が当てられて構成されている。

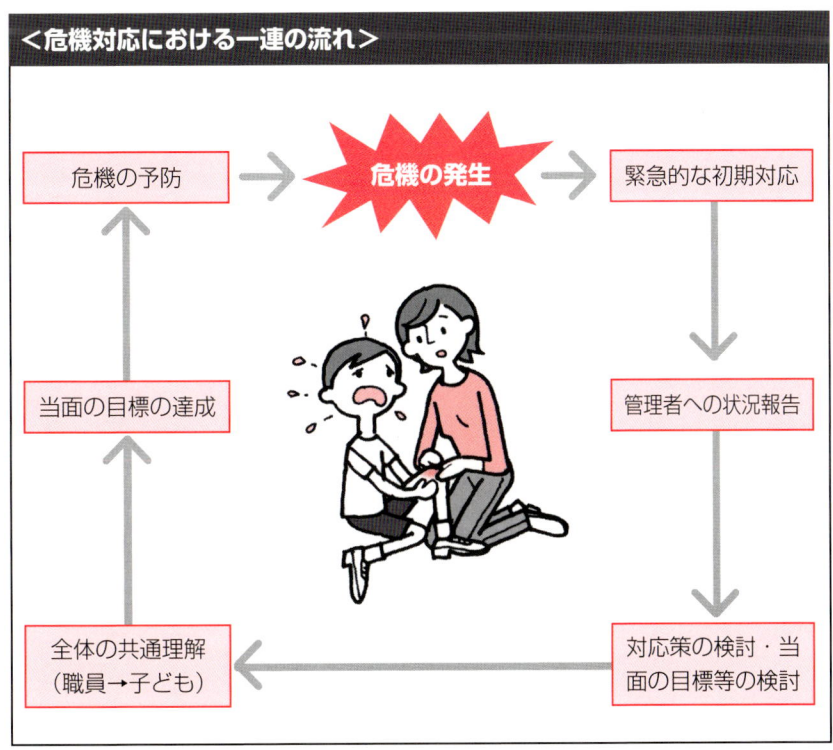

＜危機対応における一連の流れ＞

2 日常的な危機予防について

　危機が発生した際に迅速かつ適切に対応するのはもちろん，危機が発生する以前にきちんと予防の体制を整えておくことが重要である。子どもたちの安心と安全を守るために，施設および職員，実習生が最大限の努力を重ねていかなくてはならない。

　以下は，危機予防の取り組みについてのチェック項目である。

＜施設内での事故防止のために＞

- ☐ 災害や事故などに備えて，日常的に環境整備や安全点検は行っているか
- ☐ 事故の発生が多い場所や死角になりやすい場所を把握し，改善に向けて取り組んでいるか
- ☐ 薬や刃物などは，子どもの手の届かない，決まった場所に整理し保管しているか
- ☐ 食事の際は清潔な環境を整え，食事内容や摂取方法に問題がないか確認しているか
- ☐ それぞれの子どもの成長段階に合わせて，起こりうる危険を予測し予防しているか
- ☐ 子ども間のトラブルなどを確認した場合には，早期解決を図るよう努めているか

＜外出時の事故防止のために＞

- ☐ 子どもが使用している自転車などは，日常的に整備し点検しているか
- ☐ 子どもの交通ルールへの理解，年齢，状況などを考慮して，適切な外出をさせているか
- ☐ 子どもが外出するときは，必ず服装や持ち物などに気を配っているか
- ☐ 外出先，帰寮時間，同行者などを，子どもと共に確認してから送り出しているか
- ☐ 外出先で困ったことが起きたときは，必ず施設(寮)に連絡するよう伝えているか
- ☐ 学校や幼稚園，地域住民の方々の理解を得られるよう努め，協働関係を整えているか

＜施設内外での問題行動の防止・早期発見のために＞

- ☐ 子どもたちひとりひとりの心身の健康状態を日々チェックしているか
- ☐ 定期的に子どもたちの所持金や所持品に気を配っているか
- ☐ 子どもの訴えや想いを慎重に受け止め，必ず事実の確認を行っているか
- ☐ 子ども同士の関係を把握するよう努め，その関係に危険がないか確認しているか
- ☐ 問題行動が起きたときに，周りの子どもたちへの影響にも配慮して対応しているか
- ☐ 問題行動を起こす子どもについて，家族や学校などの関係機関にも協力を依頼しているか

危機予防の取り組みにおいては,
管理的な取り組み方にならないように要注意!!
子どもの気持ちに寄り添った自然な会話などを通して,
自然な流れの中で危機をチェックしましょう。

※子どもへの声のかけ方の例(子どもの外出時に服装や持ち物などを把握する際)

「今日のTシャツにはピカチューのプリントがあって素敵だね」
「ハンカチ・ティッシュは入れたかな? お金はどのぐらい必要かな?」
 など

第3章　施設内事故への対応

　子どもを預かり，集団生活をする施設においては，子どものいのちを守ることが最も重要なことである。子どものいのちが奪われることが最大の危機といえる。施設の中でいのちが脅かされる危機が生じたとき，職員の迅速で的確な対応が必要である。日頃から職員の正確な知識や技術の習得がなされるべきであろう。
　この章では，そのような緊急の状況の中でも慌てず行動できるように，見やすいフローチャート形式で，対応の手順を紹介している。

3.1 負傷・急病時の対応

1 負傷・急病時の対応と手順

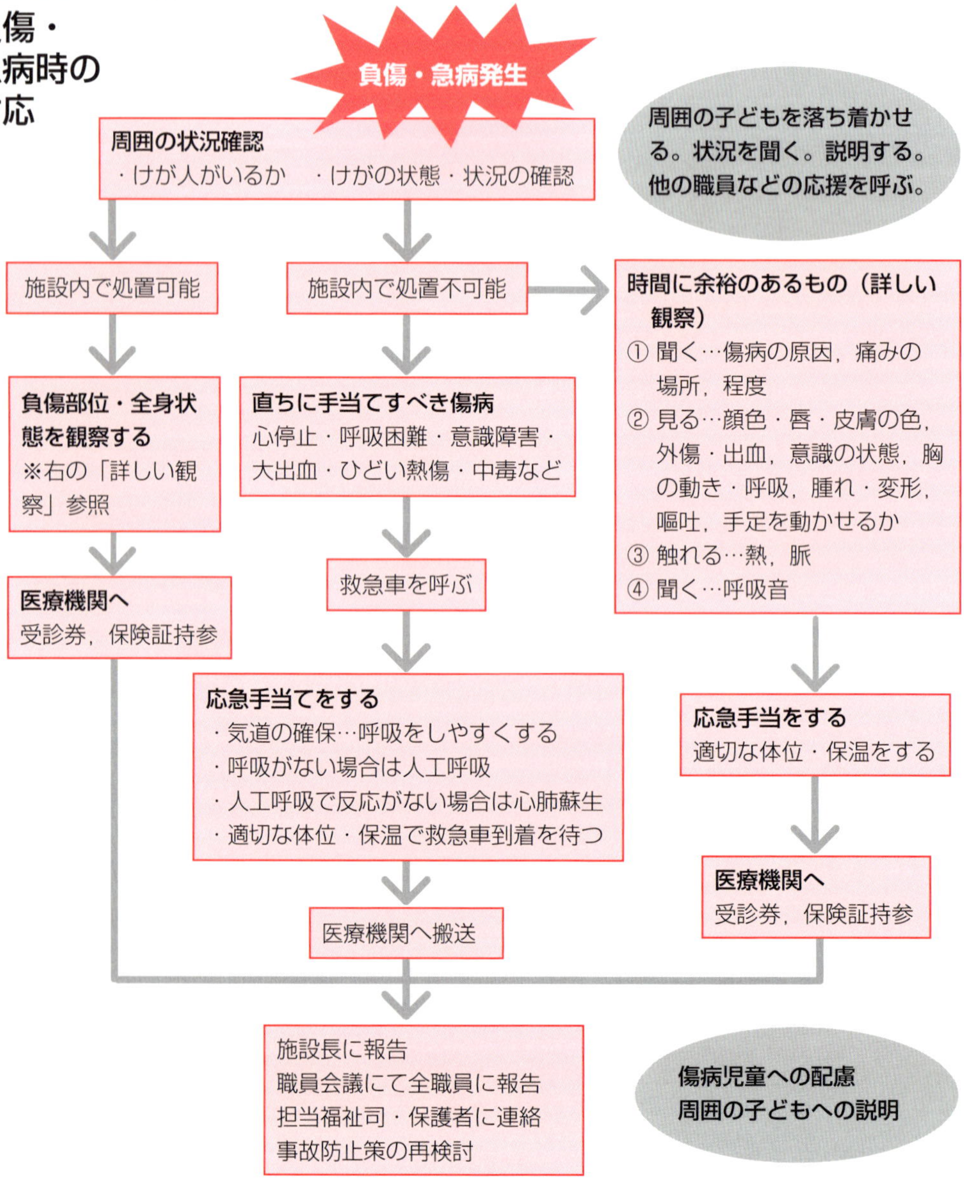

負傷・急病発生

周囲の状況確認
・けが人がいるか　・けがの状態・状況の確認

周囲の子どもを落ち着かせる。状況を聞く。説明する。他の職員などの応援を呼ぶ。

→ 施設内で処置可能
→ 施設内で処置不可能
→ 時間に余裕のあるもの（詳しい観察）
① 聞く…傷病の原因，痛みの場所，程度
② 見る…顔色・唇・皮膚の色，外傷・出血，意識の状態，胸の動き・呼吸，腫れ・変形，嘔吐，手足を動かせるか
③ 触れる…熱，脈
④ 聞く…呼吸音

【施設内で処置可能】
負傷部位・全身状態を観察する
※右の「詳しい観察」参照

【施設内で処置不可能】
直ちに手当てすべき傷病
心停止・呼吸困難・意識障害・大出血・ひどい熱傷・中毒など

医療機関へ
受診券，保険証持参

救急車を呼ぶ

応急手当てをする
・気道の確保…呼吸をしやすくする
・呼吸がない場合は人工呼吸
・人工呼吸で反応がない場合は心肺蘇生
・適切な体位・保温で救急車到着を待つ

応急手当をする
適切な体位・保温をする

医療機関へ搬送

医療機関へ
受診券，保険証持参

施設長に報告
職員会議にて全職員に報告
担当福祉司・保護者に連絡
事故防止策の再検討

傷病児童への配慮
周囲の子どもへの説明

2 救急蘇生

意識はあるか
※からだを乱暴に揺らさない

↓

気道確保
頭を後方に傾けながら，下あごを引き上げる
※子どもの首はやわらかいので，後方に傾き過ぎないようにする

↓

協力者を求める
> 職員に応援要請。施設長に連絡。保護者・担当福祉司に連絡。
> 近くにAED＊がある場合，持ってくるよう依頼。
> 状況により救急車を呼ぶ。
> 協力者が近くにいない場合は救急車要請前に心肺蘇生法を行う。

人工呼吸＋心臓マッサージ

↓

呼吸はしているか
「見て」「聞いて」「感じて」
・胸の腹部の動きがなく，呼吸音も聞こえず，吐く息も感じられない場合

↓

人工呼吸
鼻をつまみ，口から口へ息を2回吹き込む
反応（咳，体の動きなど）があるか観察
※その後は1回ごとに鼻をつまんだ指を離す

> 8歳以上　15回/分
> 8歳未満　20回/分

↓

心臓マッサージ
胸骨（両乳頭を結ぶ線の真ん中）を圧迫。30回：約100回/分

> 8歳以上　両手
> 8歳未満　片手

↓

心臓マッサージと人工呼吸
・心臓マッサージ30回：人工呼吸2回を繰り返す
・2分間5サイクルを目安に交替

↓

救急隊員が到着するまで続ける

> ＊AED（自動体外式除細動器）
> 意識・呼吸・循環のサインがない場合に使用
> ①スイッチをつける
> ②胸に電極パッドを貼り付ける
> 　※汗・水分をふき取る
> ③ケーブルを接続
> ④AEDの解析
> 　※患者から離れる
> ⑤電気ショック
> 　※点滅ボタンを押す
> ⑥AEDの音声に従う
> 　※心肺蘇生か，電気ショックか

3 喉にものを詰まらせたとき

いずれかの方法により，異物を除去する。
- 咳により吐き出させる
- 背中をたたく
    ① 子どもを抱きかかえ，頭が低い体勢にさせ，背中をたたく。
    ② 太ももで子どもを支え，頭が低い体勢にさせ，背中をたたく。
    ③ 横向きに寝かせ，肩を支えながら背中をたたく。

- 胸腹部に圧迫を加える
    側胸部に手を置き，胸郭をひきしぼるように5回圧迫を加える。

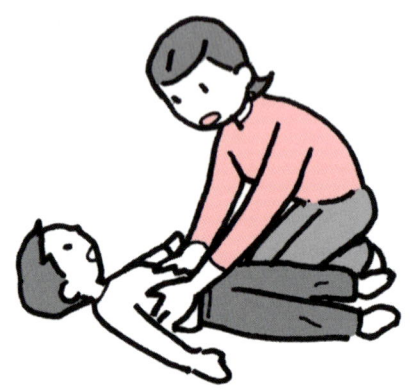

❹ 誤飲

```
体に吸収されるものを誤飲                    体に吸収されないものを誤飲
                                          （コイン・文具などの固形物）
```

毒性のないものだった場合
経過を観察し，変化があれば病院へ

毒性のあるものだった場合
・たばこ
・薬
・衣類用防虫剤
・強い酸やアルカリ性の洗剤・漂白剤
・灯油や揮発性の物質

水や牛乳を飲ませたり，吐かせたりせずにすぐに119番通報し，指示を仰ぐ

受け持ち医に相談
便に排出されるのを待つ

医療機関で受診

施設長に報告
職員会議にて全職員に報告
担当福祉司・保護者への報告
今後の事故防止策の検討

5 けいれん発作時

主なけいれん（ひきつけ）の症状
・手足をがたがた震わせる
・手足を突っ張る
・歯を食いしばる
・目をつり上げる

けいれん発生

↓

どのようなけいれんなのかを把握する

↓

・呼吸ができるように衣類をゆるめる
・けいれん中はできるだけ刺激を与えない
・吐物が気管に入らないように，からだを横向きにする
・熱が高いときは氷枕をあてる
・けいれんがおさまった後に体温を測っておく

↓

次の場合はすぐに医療機関へ連れて行く
・けいれんが10分以上続く
・短時間の間に繰り返し起こる

↓

・緊急を要する場合は救急車要請
・医療機関で受診
・夜間の場合，数分以内におさまれば，静かに休ませ，翌日診断を受ける

↓

施設長に診断結果を報告
子どもの容態を全職員（担当職員）が把握
必要に応じて担当福祉司・保護者への連絡
今後の治療方針の検討
今後の事故防止策の検討

6 熱傷時

・やけどの深度

	皮膚の外観	症状	治癒期間
1度	発赤	ひりひりした痛み	数日で治癒
2度	水疱	時に強い疼痛	感染がなければ1〜2週間で治癒
3度	青白色・皮膚がない	疼痛	数ヶ月を要し瘢痕が残る　皮膚移植が必要

受傷

↓

熱傷部位，色，原因を把握する

↓

・ すぐに水道の流水で冷やす（10分〜30分）
・ 水ぶくれはつぶさないようにガーゼでおおう（包帯を巻いてはいけない）
・ 薬などはぬらない

↓

次の場合は医療機関に受診する
・ 1度でも手掌よりも大きなもの，また顔面や関節などの可動部分
・ 2度で500円硬貨以上のもの
・ 3度はすべて受診が必要

↓　　　　↓

施設で処置　　　応急処置後，医療機関で受診
　　　　　　　　状況により救急車要請

↓

施設長に診断結果を報告
子どもの容態を全職員（担当職員）が把握
必要に応じて担当福祉司・保護者への連絡
今後の治療方針の検討
今後の事故防止策の検討

3-2 感染症への対応

1 O 157 感染症

O 157 とは…
- 飲食物を媒介とし口から感染
- O 157 で汚染された飲食物の摂取か，患者の糞便にある菌が付着したものを口にすることが感染の原因

症状：症状のないもの・軽度の下痢・激しい腹痛・頻回の水様便・血便・重篤な合併症
　　　（約半数）4〜8日の潜伏期をおいて激しい腹痛と頻回の水様便，血便
　　　（約6〜7％）下痢・腹痛の初期症状より2週間後，溶血性尿毒症症候群・脳症などの重症合併症を発症する

子ども・職員の便性の変化に注意しておく

症状の観察・確認

重症合併症状がある場合
下痢・激しい腹痛・血便・頻回の水様便

医療機関で受診
保険証，受診券持参
状況により救急車要請

施設長・全職員に診断結果を報告
担当福祉司・保護者・学校への連絡
出席停止になっている場合は，その期間静養する

O 157 の予防
- 手洗いの徹底
- 調理用品の保存期間の徹底
- 調理器具の洗浄・熱湯消毒の徹底
- 食材をよく加熱する（75℃以上）

2次感染を防ぐには…
- 消毒
  - トイレ・洗面所・ドアノブ等の消毒
  - 患者が使用した食器・ベッド・床等の消毒
- 手洗いの徹底
  - 便性不良の子どもを介助した場合は，手洗い後，乾燥させた上でウエルパス等の逆性石けん液で消毒すること

手洗いの仕方

水で手をぬらし石けんをつける／ブラシを使って指，腕を洗う／指の間と指先をよく洗う／石けんをよく洗い流す／逆性石けん液をつける／2分間以上手指をよくこする／よく水洗いする／ペーパータオル等でふく

2 疥癬（かいせん）症

疥癬とは…
ダニの一種であるヒゼンダニが皮膚の各層内に寄生することによって起こる感染性皮膚病

予防
寝具・衣類を清潔に保つ
清掃
入浴の際などに子どもの全身の皮膚を観察する

赤い丘疹，激しいかゆみ
疥癬の可能性

↓

皮膚科受診
※安易に軟膏をぬったりしない

↓

《通常の疥癬》
・手洗いの徹底
・長時間からだをさすったり，手を握ると感染する可能性がある。
・シール・寝具・下着など患者の肌に直接触れるものは，清潔を保つために毎日交換
・畳部屋の患者の場合は同室者も症状の有無にかかわらず皮膚科の受診

《ノルウェー疥癬》
・感染者は隔離する。患者が使用していた寝具・部屋などは約2週間閉鎖，または殺虫剤の散布・塗布
・施設の子ども・職員の皮膚科受診
※過剰な隔離によっての子どもへの負担，周囲の子どもへの影響を生じさせないようにする。

3 小児伝染性感染症

伝染しやすい感染症
　インフルエンザ・百日咳・麻しん・流行性耳下腺炎（おたふく風邪）・風しん・水痘・手足口病・溶連菌感染症・感染性胃腸炎…など

咳・熱・下痢・嘔吐・発疹・のどの痛み等症状の確認・把握
他に症状の出ている子どもはいるか確認

予防
● 予防接種を積極的に受ける
● 日頃から手洗い，うがいの徹底
● 十分な睡眠と適切な栄養をとる

↓

医療機関で受診
保険証，受診券持参
医師の指示に従う

2次感染を防ぐには…
● 手洗い，うがいの徹底
● 患者の咳やくしゃみから病原菌が体内に入るので，患者と接する場合はマスクを着用する
● 患者の排泄物や使用した物品・部屋の消毒

↓

施設長・全職員に診断結果を報告
担当福祉司・保護者への連絡
学校に連絡し，出席停止期間まで静養する

❹ 血液媒介型感染症

血液媒介型感染症とは…
　血清肝炎（B型，C型）・梅毒・HIV感染症など血中にウイルスがいる感染者から，血液や精液を介して感染する感染症

予防
- 鼻血・生理の血液・痔出血，外傷，吐血，体液，分泌物，排出物，粘膜等を扱う場合は，素手では触れない。触れた場合はすぐに手洗いをする。
　・カミソリ・歯ブラシ・タオル・くし等の血液がつきやすい物は個人で使う。
- 梅毒・HIV感染症等の性感染症では，事前の正しい性教育も必要。

血液や体液が皮膚に付着した場合	血液や体液が創傷面等に付着した場合
↓	↓
すぐに流水で洗う	医療機関で受診 免疫剤の投与

感染者との日常の接触や，食器等からの感染はない。感染者への差別・偏見をもたないような子どもたちへの教育も日頃から必要。

3-3 食中毒への対応

下痢，腹痛，嘔吐を訴える子が多い

→ **食中毒の疑い**

↓

状況の把握
- 症状を訴える子どもの人数把握（職員も）
- 下痢（どんな状態か）・腹痛（どのあたりが痛いか）・発熱（何度か）・嘔吐（何回したか）・その他症状はあるか

↓

医療機関に相談，受診

↓

施設長に報告
食中毒対策委員会を設置

食中毒対策委員会メンバー
施設長，職員，栄養士，調理員，嘱託医など

↓

原因の特定

保健所による立ち入り調査
- 2週間分の保存食提出
- 献立表，衛生管理点検表，検便記録の提出
- 調理従事者の検便，及び職員等の健康調査
- 保健所による食品納入業者の調査
- 患者数，症状の把握

↓

- 保健所の指示を受ける
- 調理室の閉鎖（業者への食品納入中止の連絡，閉鎖中の食事の手配）

↓

- 調理室再開（許可が下りる）
- 保健所，市区町村の健康福祉部，嘱託医の指導を受ける

↓

衛生管理方法の見直し
調理前の手指の洗浄，消毒を徹底する

3-4 災害,避難時の対応

≪災害に備えて日頃から気をつけられること≫
- 避難経路を複数確保しておく。避難場所の確認。
- 防災訓練を月に1度実施する。防災教育。
- 施設内における消防隊を作り,役割を把握しておく。
- 火　災：ガス台の周りなどに燃えやすい物は置かない。
- 地　震：壁から物の転落や,家具の転倒がないように設備を固定しておく。

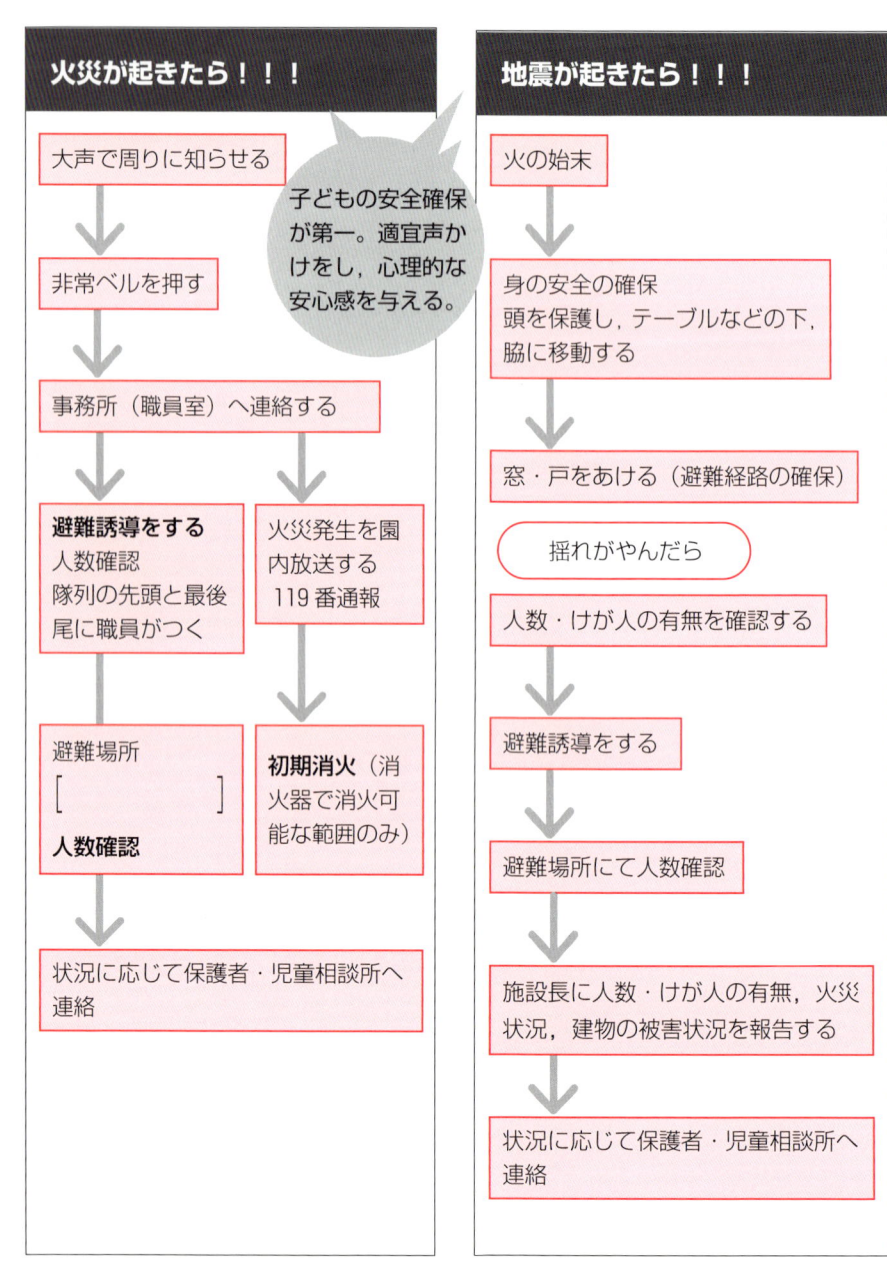

3-5 不審者侵入時の対応

関係者以外の立ち入り

↓

（不審者かどうか）

↓

話を聞く
退去を求める

↓

（危害を加えるおそれはないか）

↓

隔離する（子どもたちから離す）
119番通報

- 職員緊急連絡。役割分担と連携をしっかり。
- 施設長に連絡。

↓

隔離できなかった場合
子どもの安全を守る
- 不審者と子どもをできるだけ離す
- 子どもの人数や場所を把握
- 避難誘導

隔離できた場合
説得する・退去を求める

↓

警察の到着：保護・逮捕

↓

（負傷者はいるか）

↓

応急処置をする
状況によっては救急車要請

↓

児童相談所へ連絡
保護者への説明
再発防止対策の検討
報告書の作成
子どもの心のケア

子どもの安全を守る体制づくり
- 日頃から地域・学校との交流を深め，よりよいネットワークをつくる。
- 子どもへの安全教育や，さまざまな場合を想定した，避難や対応の訓練を実施する。
  - 不審者を隔離する具体的な方法
  - 通報や緊急連絡の方法
- 役割分担を把握し，緊急時に備える。
  - 全体指揮・外部との連絡係，不審者への対応係，子どもの安全確保係，応急手当係，記録係など

第4章　暴力問題への対応

心構え

暴力とは・・・人が，他人または自分の心と体を深く傷つけること
（会田元明『子どもの「問題行動」理解の心理学』ミネルヴァ書房より）

　暴力は，殴る，蹴るなどの身体を傷つける目に見える行為に限定されない。忘れてはならないのは，言葉かけや無視，不当なプライバシー侵害によっても，加害者，被害者，そして周囲にいる人に与える精神的影響は大きく，それらを一種の無形の暴力として考える必要があることである。
　施設において起こりうる危機の中でも，暴力問題は行為そのものへの対応に加え，加害者，被害者共に，行為の裏にある気持ちへの配慮が特に求められる。発生予防については，第2章　2－2．2日常的な危機予防について（p.6）を参考にしていただきたい。暴力問題が発生した場合には，被害者，加害者の当事者双方への対応をすることに加えて，周囲の子どもたちや職員への配慮など，多岐にわたることを敏速に行う必要がある。本章では，このような状況で職員が焦ることなく対応できるような手順を示す。そして状況に応じた声かけの参考例を示すことにより，実践上の選択肢として使用してもらえるような形をめざした。言葉かけはあくまで参考であり，対象者の心境や状況にあった使い方をするように心がける姿勢を忘れずに接していただきたい。

4　1　子どもによる暴力

1　対象

① 子ども → 子ども
② 子ども → 職員
③ 子ども → 器物

2 対応手順

```
暴力問題発生    p.22  3 発覚時対処法 参照
    ↓
被害者と加害者の分離 ＝安全確保    （必要に応じて，応援要請を！！ (p.22 参照)）
    ↓
病院搬送の必要
   ↓       ↓
   有       無
   ↓       ↓
  受診   施設内応急処置（p.8 負傷・急病時の対応と手順 参照）
   ↓       ↓
   施設内　状況確認    p.23  4 個別状況確認 参照
          ↓
      管理者へ報告
          ↓
      緊急会議     必須参加；管理者／発見者／状況確認者／被害児，加害児担当職員
                 ① 状況把握
                 ② 対応者の決定（加害児／被害児／周囲の子ども）
                 ③ 援助法検討
          ↓
      報告 → 家族 → 児童相談所 → その他機関
          ↓
      全体会議    ① 全職員へ状況報告
                 ② 対応グループの報告
                 ③ 説明法・指導法の統一
                 ④ 防止策検討 → 防止策実施
          ↓
      報告 → 家族 → 児童相談所 → その他機関
```

子ども・職員ケア

❸ 発覚時対処法

① 暴力現場に居合わせた！　目撃した！

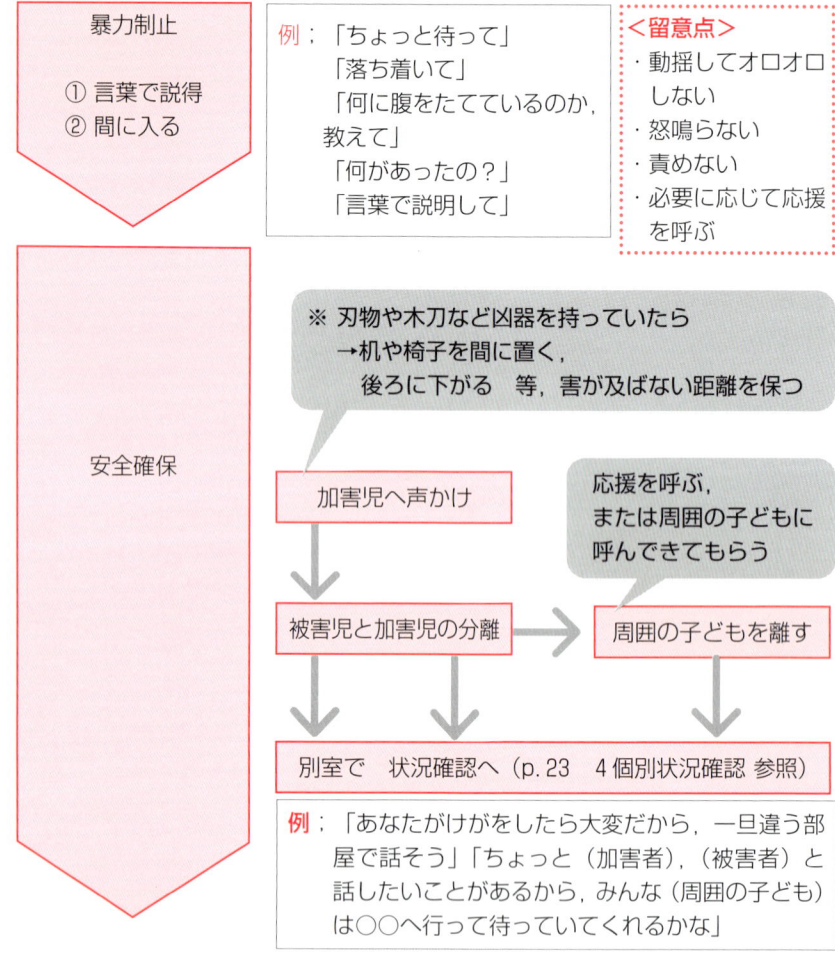

② 被害児，加害児が訴えてきた！

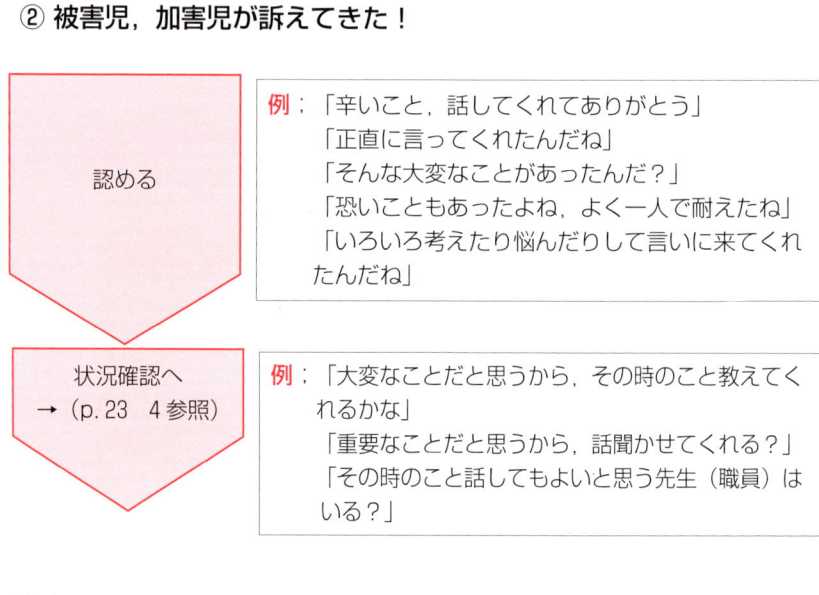

③ 周囲の子どもが訴えてきた！

認める，安全確保

例：「教えてくれてどうもありがとう」
　　「勇気を出して言ってくれたんだね，感謝してるよ」
　　「あなたが伝えてくれたことによって辛い思いをすることはないようにするからね」

検証

職員会議
・報告があったことの伝達
・気になる点はないか情報交換
・今後も注意を払う必要性確認

様子をうかがう
・普段の生活や会話を通して報告を受けた子どもの様子を見る
① 不自然な傷はないか
② 特定の子どもへの態度で気になる部分がないか

例：脅えや萎縮…被害児の可能性
　　命令や決め付け…加害児の可能性

↓

気になる子どもへの働きかけ

---

❹ 個別状況確認

<留意点>
☐ 職員と対象の子どもが二人きりで話せる空間（個室）になっているか
☐ 話し方は，ゆっくり落ち着いて，相手に聞こえる程度の声の大きさ
☐ 事実と気持ちは分けて聞き，記録に残すようにする
☐ 悪いことをすぐに責めるのではなく，まず話してくれたことを認める
☐ 話したことにより，不利な立場になったり安全が脅かされないように十分配慮する

① 加害児

状況確認・原因は？

目的：事実の確認
例：「何があったの？」
　　「どうしたの？」
　　「どうしてああいう状況になったのか教えて」
　　「大変なことがあったみたいだけど，話聞かせてくれる？」

※被害児であった可能性はないか
→誰かにやらされている，または被害児の言動や行為に原因がある場合もある。その行為に至った背景や原因に目を向ける。

気持ちの確認・共感

目的：何を問題としてとらえているか探る
例：「どう感じた？…そう思うこともあるよね」
　　「（被害児）はどう思っているかな？」

※"暴力は悪いこと"という認識はあるか
→自分の経験などから，暴力以外の伝達方法を知らない可能性もある。その場合，まず暴力についての認識を把握する。

※被害児への謝罪の気持ちはあるか
→反省の念があれば暴力はよくないという認識はある。相手を思いやり，心からの謝罪の気持ちが持てるよう長期的指導が必要である。

行為の否定

目的：暴力行為のまずさを伝える
例：「あなたの気持ちもわかるよ。でも暴力は自分も相手も傷つくよね。だから，絶対許されないことなんだよ」

正しい対処法理解に向けて

目的：暴力以外の問題解決法理解
例：「そういうときは，次からどうしたらよいだろう？」
　　「言葉で言うと，相手にも○○ちゃんの気持ちが伝わるんじゃない？」
　　「もしまた同じような気持ちや状況になったら，まず先生（職員）に話して」

※話を聞いている最中に子どもが取り乱したら，少し時間を与える
→子どものペースに巻き込まれないようにする。
例；「混乱しているようだから，ゆっくり寝てまた明日話し合おう」
　　「少しお風呂に入っておいで。落ち着いたら続きを話そう」

心理職員，担当児童福祉司等とも協力し，長期的に対応していく必要がある

② 被害児

安心・安全確保，気持ちの確認・共感

目的：安心感を与える
例：「大変だったね」
　　「辛かったね」
　　「（加害児）は今違う部屋で話しているからここには来ないからね」
　　「先生（職員）だけが話を聞くから，安心してあなたの気持ちを聞かせて欲しい」
　　「秘密にして欲しいことは守るからね」

状況確認

目的：事実の確認，話してくれたことへの評価
例：「重大なことだと思うから，何があったのか聞かせてくれる？」
　　「大変なことがあったみたいだけど，どういう状況だったのかな」
　　「辛いことを話してくれてありがとう」

※ 以前にも経験したのか，今回が初めてなのか
例：「今までにも辛いことがあったら教えて欲しいな」
　→以前から繰り返されている行為であれば，被害児の心理面に特に配慮しながら，時間をかけて確認していく必要がある。心理職員との連携をとる。

※ 加害児（または被害児）が集団である可能性はないか
　→脅されていたり，集団いじめの可能性に注意を払う。また，子どもたちの力動を把握しておく必要がある。

※ 他に暴力行為を目撃したことはあるか
　→表面化していない問題が存在した場合，新たな被害児，加害児が発覚する可能性がある。

正しい対処法理解に向けて

目的：一人で抱え込まず，周りに相談する大切さを理解してもらう
例：「そういうときは，次からどうしたらよいだろう？」
　　「また同じ状況が起こりそうになったら，すぐ先生（職員）に教えて」
　　「もし困ったことがあったら，すぐに大声を出したり，周りの人に伝えられるとよいと思うよ」

③ 被害職員

> 子どもの暴力の被害に遭うのは子どもだけではない。矛先が職員に向けられることもある。加害児の気持ちや背景に目を向けその場は対応することが望まれるが，被害を受けたら無理をせず応援を呼んだり，誰かに相談し話を聞いてもらう姿勢が重要になる。

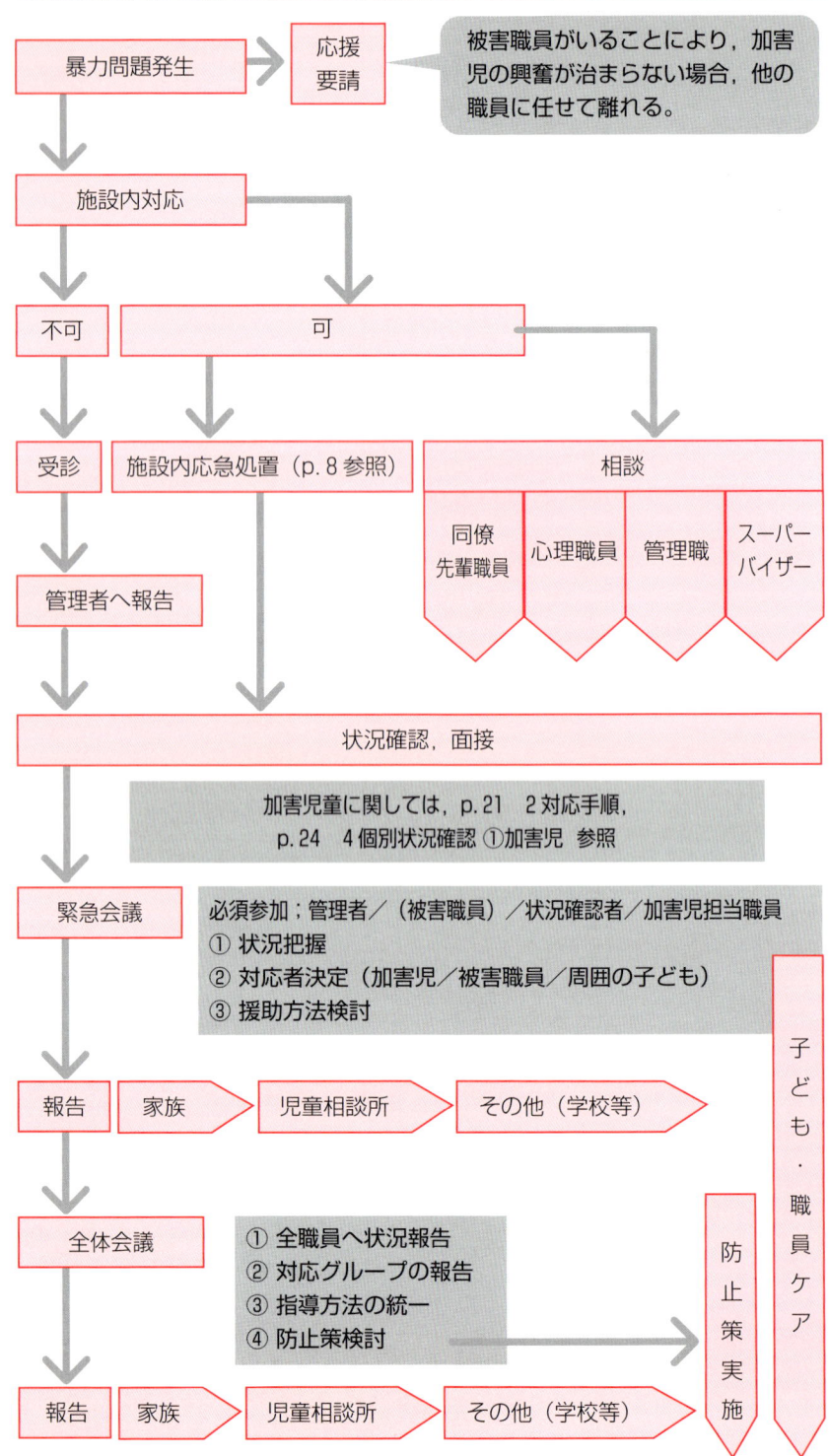

<職員をサポートするために>
- □ 管理者を含め，施設の職員同士の信頼関係が築けているか
- □ スーパーバイザー，またはそれに即した相談役が存在し，役目を果たしているか
- □ 研修などを通し，他の施設の職員と意見を交換する場が設けられているか
- □ 児童相談所，家庭児童相談室（福祉事務所），自治体の教育相談室等の相談機関を利用できるよう情報提供を行っているか
- □ 勤務体制が過酷で，精神的に追い詰める一因とはなっていないか

4.2 職員による暴力

施設職員が，暴力行為や暴言を子どもに向けることは，絶対にあってはならない。教育やしつけのためという考えが働くのかもしれないが，職員による体罰や虐待にほかならない。
子どもにとって安心できる場であるはずの施設において，職員によるこれらの行為は絶対に許されないことをここで再確認しておきたい。

1 暴力例

- ・身体的暴力
- ・言葉
- ・かかわりを持たない＝子どもをいないものととらえる
  例；無視，食事を与えない，入浴させない，排泄物の処理を行わない
- ・プライバシー侵害
  例；不当な入室，持ち物管理，金銭管理
- ・他の子どもの前で自己権威を否定させるような行為をさせる
  例；ずっと正座をさせて失禁させる
- ・性的虐待　　（第5章 性的問題行動，p.28 参照）

2 対応

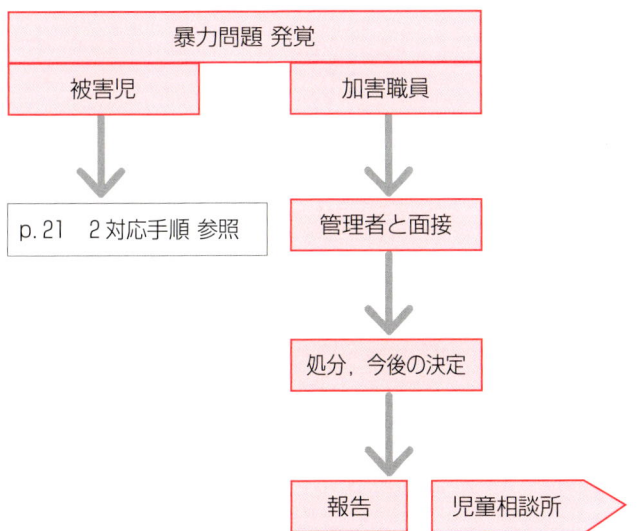

第5章　性的問題行動への対応

心構え

　性的問題行動への対応は，現在，児童福祉実践のなかでも最も深刻で緊急の対応が求められる課題となっている。被害を受けた子どもは，施設の入所前にダメージを受けており，施設でさらに重ねて被害を受けることになる。子どもの人生にとって深刻なトラウマとなる可能性が大きい。そのためには未然に防ぐことが第一であるが，問題が発生した場合には，どのような対応ができるかが子どもの危機への対応力量として求められている。

　性的問題行動に関わって問われる判断と対応能力は，まず隠蔽するための工夫がされている行動をどのように発見できるか，被害児童が発するぎりぎりのサインや告白をどう受け止めることができるか，発見もしくは疑わしい状況があった場合，そのときどう対応することができるか，そしてその後のケアと治療をどのようにできるかが課題である。

　加害児童への指導とケアとともに被害児童への援助とケアが適切に行われる必要がある。その場面での対応，緊急対応，短期・中期・長期的取り組みが適切に行われるかどうかは，児童福祉実践において局面の判断と対応能力が問われている課題である。子どもの性に関する問題は避けて通ることができない時代となってきた。そうした自覚と心の用意が私たちに問われているのである。

5.1 性的問題行動の予備知識

1 性的虐待とみなされる「性的行為」のタイプ

- 性器－性器性交
- 肛門－性器性交
- 口腔－性器性交
- 性器への性器以外の挿入（異物・指など）
- 子どもを使った加害者のマスターベーション
- 子どもの面前での加害者のマスターベーション
- 性器，乳房部，大腿部への身体接触
- 性器の露出，窃視（子どもの入浴など），子どものヌード（絵画，撮影）など

（北山秋雄編『子どもの性的虐待　その理解と対応を求めて』大修館書店，1994，p.11より，一部改変）

2 起こりやすい場面・環境

職員の目の届かない場所，時間を子どもたちは知っている。
その隙を狙っての事件発生が多々報告されている。

起こりやすい場面
- 入浴中
- 就寝中（夜中）に部屋に潜り込む，もしくは，同室の子どもに対して加害を加える
- 職員の目の届きにくい部屋，場所，職員がいない時間帯
- 寝かしつけのための添い寝時

> **起こりやすい環境**
> ■ 性行為やアダルトビデオ等，性が近くにありすぎる―家庭に戻ったときなど―
> ■ 適切なプライバシーの意識のない生活
> ■ 「秘密」ができていることが当たり前になっている
> ■ 虐待を認めようとしない―子どもは虐待があることを言い出すことができない―
> ■ 自由度が少なく，ストレスを感じやすい生活環境

3 被害・加害の関係

被害――加害の関係はさまざまな可能性がある。
予想外の事実に驚かないよう，あらかじめ意識しておくこと。

> ① 子ども間の虐待
>   男子間や女子→男子という例もある
>   年上から年下という流れとは限らない
>   施設内での虐待の連鎖の可能性もある
> ② 職員と子ども
> ③ 家族間
>   一時帰宅時に被害に遭う可能性
> ④ 援助交際・ナンパ
> ⑤ 施設外での知り合い
>   学校での友人など
> ⑥ 知らない人

5.2 職員の対応姿勢

● 基本姿勢　―認め，受け止める―

その現実を認めたくないというのが本音であるけれど，逃げずに，どうかかわっていくかが大切である。その表情，言動が子どもの今後を決めることになるかもしれない。

＜共通して必要な姿勢＞

> まず，冷静になること

> 教えてくれてありがとう，と事実を認める

> あなたを信じ，守るということを言葉と態度で伝える

> すぐに対応すること

＜必要な視点＞

> かかわる職員は同性が好ましいか，どの職員が好ましいかの検討

> 自分の考えを押し付けず，ゆったりと子どもの声を聞くこと

5.3 声かけの例

1 性的問題の現場に遭遇

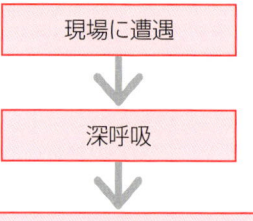

```
現場に遭遇
   ↓
  深呼吸
   ↓
もう一人職員を呼ぶ
→別々に話を聞く（落ち着いて話ができる場所に別々に移動）
```
※被害・加害を思い込みで決めつけないよう注意

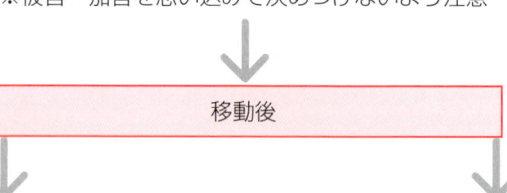

↓

移動後

↓　　　　　　　　　　　　　　　　　↓

被害児童	加害児童
「私には大変なこと☆1 があったように見えるけれど，何があったのか話してくれる？」（あなたを心配していることを伝え，話しやすい雰囲気をつくる） ☆1　具体的にわかるならば，具体的に 「何があったの？」 （この場面で起こったことのみを聞く） ◎**何気なく医師の診断が必要であるかの確認** （落ち着くまで待つ・話してくれるまで待つ） （話をさえぎらずゆっくり聞く） （続けられそうならば，展開していく） 話してくれない場合 「どの先生なら話すことできる？」と配慮する ・ ・ ・ 「それは，〇〇だったね。本当に話してくれてありがとう」 「部屋に戻れるかな？　みんなといる？　それとも…」と安心できる居場所を探す	「私には大変なこと☆1 があったように見えるけれど，何があったのか話してくれる？」（あなたを心配していることを伝え，話しやすい雰囲気をつくる） ☆1　具体的にわかるならば，具体的に 「何があったの？」 （この場面で起こったことのみを聞く） ◎**加害児も被害児であった可能性を考慮** （落ち着くまで待つ・話してくれるまで待つ） （話をさえぎらずゆっくり聞く） （続けられそうならば，展開していく） 話してくれない場合 「どの先生なら話すことできる？」と配慮する ・ ・ ・ 「正直に話してくれたね」 「話してくれてありがとう」 別室で過ごす，部屋で謹慎などの一時的対処をとる

2 後から発覚した場合

> **後から発覚するパターン**
> ■ 加害児童が職員に話す
> ■ 被害児童が職員に話す
> ■ 周りの子どもたちから職員へ
> ■ 被害児童の不自然な行動による気づき
> ■ 学校などの他機関からの報告

被害児童	加害児童
◎**日常生活** 「何か困っていたり悩んでいることがあれば何でも言ってね」とこまめに声かけをする。 性教育担当者や心理職の介入も検討	◎**日常生活** 「何か困っていたり悩んでいることがあれば何でも言ってね」とこまめに声かけをする。 日常的にアドバイスを行い，自分がしたことの意味を理解させる必要性の検討も（年齢にもよる）
◎**二人きりで話す場を設ける** 日常会話から入る 「今日は学校で何をして来たの？」 「最近どう，何か困っていることがあるのかな」 （なかなか本題に入れなくても，焦らないこと） 被害児童が話してくれた場合 「今まで辛かったね。話してくれてありがとう。私はあなたの味方だからね」 「思い出すことも辛いことかもしれないけど，少しお話を聞かせてもらってもいいかな？」 「話してくれてありがとう。私はあなたの味方だからね。いつでも相談に乗るし，あなたが苦しい思いをすることのないようにより努力していくね」	◎**二人きりで話す場を設ける** 日常会話から入る 「今日は学校で何をして来たの？」 「最近どう，何か困っていることがあるのかな」 （話せそうな年齢・性格の場合） 「実はね，○○が□□をしたっていう噂があるんだけど，どうなのかな。本人からお話を聞きたいのだけれど」 （加害者も傷ついているということを意識し，寄り添う姿勢が大切） 「話してくれてありがとう。被害を受けた子も辛いけれど，あなたも辛かったよね。これは，大きな問題で児童相談所に連絡をして，これからどうなるかを話し合うことになるんだ。また，お話をしよう。心配かもしれないけれど，私はあなたの味方だからね，自分の行った行為について，しっかり考えていこうね」

＜発見のためのサイン＞

以下は，虐待が起こっている可能性を示すサインである。
性的虐待があったと断定できるのは，妊娠・性行為感染症のみである。

性的な行動化や体の変化
- ☐ 急に性器への関心が高まる
- ☐ 急に自慰行為や他の子どもの性器に触ろうとする
- ☐ 性器に関して年齢に不釣合いな知識を持っている
- ☐ 性器の周りがはれていたり，あざになっていたりする
- ☐ 排泄行為に痛みが伴う
- ☐ 下腹部に痛みがある
- ☐ よく体の具合が悪くなる
- ☐ おとなの性行動をまねする
- ☐ 性的な遊びを他の子どもや，おもちゃ，ペットや自分自身にしたがる
- ☐ 口や性器の辺りに痛みや腫れ，出血などの症状が起こる
- ☐ 低年齢での妊娠
- ☐ 性病や泌尿器系の感染症を起こす
- ☐ 自傷行為，自殺を試みる

対人関係・対外関係の変化
- ☐ おびえる
- ☐ 自分の殻にとじこもる
- ☐ 友達や遊びから遠ざかる
- ☐ 学業不振
- ☐ 他の子どもに対して攻撃的になる
- ☐ ペットを虐待する
- ☐ 特定の人をいやがる
- ☐ 赤ちゃん返りをして実年齢より幼い行動をとる
- ☐ 情緒が不安定になる
- ☐ 言うことを聞かなくなる
- ☐ 他人を喜ばせる態度が異常に多くなったり，逆にまったくしなくなったりする
- ☐ 自分に自信がない
- ☐ 自虐的な行為をする
- ☐ 学校で問題が出てくる（集中できない，成績が落ちてくるなど）
- ☐ 盗みなど反社会的な行動をとる

衣食住での変化
- ☐ 夜になるのを怖がる
- ☐ 食べたものをわざと吐く（摂食障害）
- ☐ 食欲がなくなる
- ☐ 必要以上に食べ過ぎる
- ☐ 家出
- ☐ 特定の場所に行きたがらない
- ☐ 服を必要以上に着込む
- ☐ きちんと眠れない
- ☐ 異常に清潔にしたり，逆に不潔になったりする

3 軽度の問題行動－小学生の露出など－

＜小学生の露出＞
　小学生（特に低学年）の露出に対しては，過剰な反応をすることはより行動を増幅させることになる。何度か「いやなことはやめてね～」と注意をすると治まることがある。あまりに頻度が多い場合は，問題行動としてかかわっていくことが必要である。また，別の視点として，注目を浴びるために露出をするというケースも考えられる。この場合は，軽く流す程度の対応をして行動が改善されることもある。各々の行動の背景に即した対応を工夫する必要がある。

参考：小学校低学年の子どもの健全な行動
- 他の人がトイレやお風呂を使っているのを見たり，覗いたりして興味を持つ
- トイレでの排泄や性器や性について「きたない」言葉を使う
- 人に自分の性器を見せる
- 同世代の友達と性器を比べたがる

（グループ・ウィズネス編『親と教師のためのガイド』明石書店，2004, p.19「表　低学年の子どもの性に関する行動の例」より抜粋）

＜思春期の異性への関心＞
例：女の子がお風呂に入っているところを，高校生の男の子が覗きみをした。

↓

一つの例として，その男の子の性格や状況にもよるが，同性の職員による話し合いの機会を持つことがあげられる。ただし同性であることを原則と考えるべきではない。

- 決して，非難やひやかしなどをせず，真剣に対応する
- 気持ちを聞くことが大切
- なぜ覗いたのかを，一緒に考えてみることも一つの方法
- 女性に興味を持つことは当たり前のことで，成長のステップであること
- しかし人間関係には守るべきルール（他人がいやがることはしないが前提）があることを伝える
- 同時に，何か悩み事はあるのかを聞いてみる

5-4 全体を通しての性的問題行動への対応

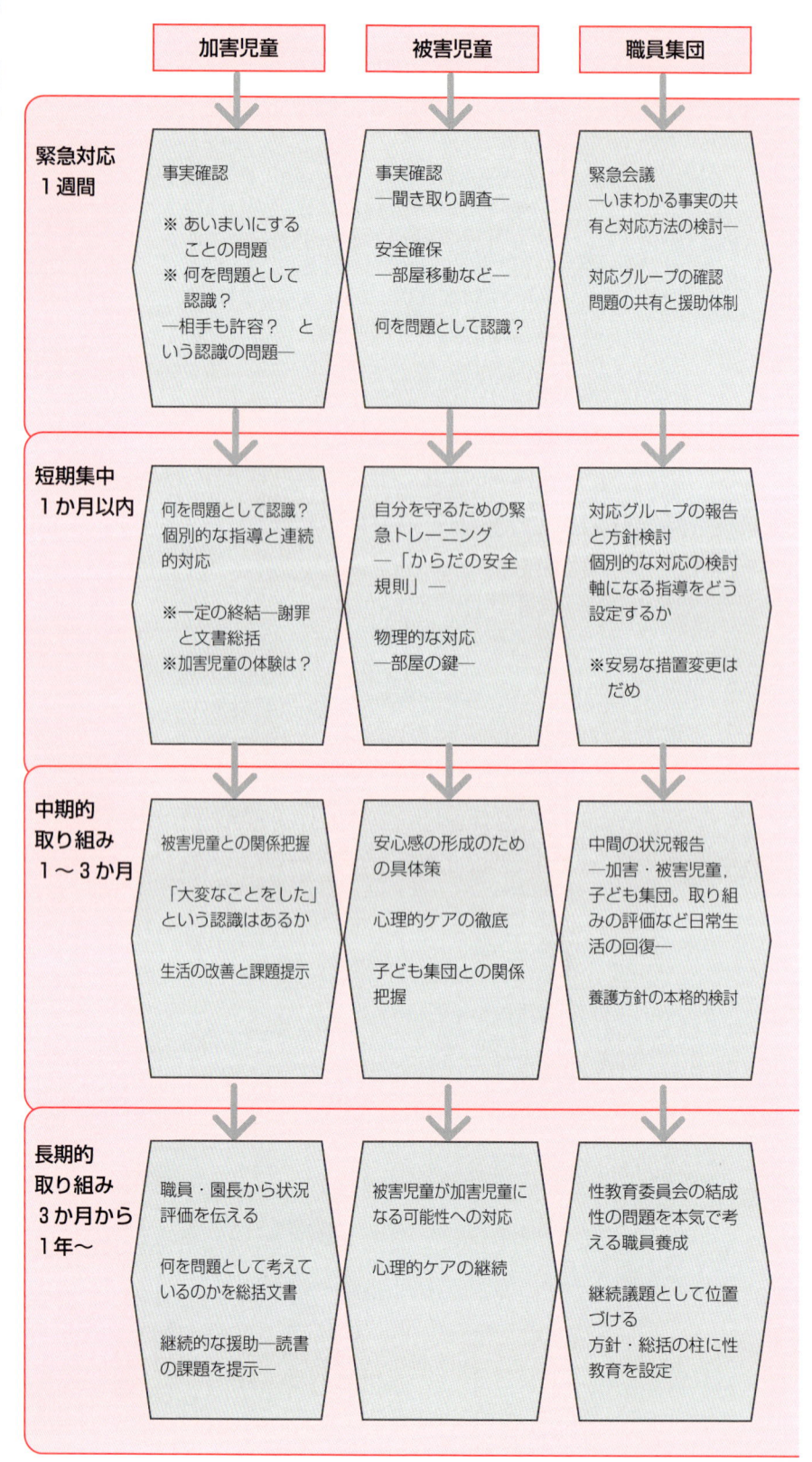

	加害児童	被害児童	職員集団
緊急対応 1週間	事実確認 ※ あいまいにすることの問題 ※ 何を問題として認識？ ―相手も許容？ という認識の問題―	事実確認 ―聞き取り調査― 安全確保 ―部屋移動など― 何を問題として認識？	緊急会議 ―いまわかる事実の共有と対応方法の検討― 対応グループの確認 問題の共有と援助体制
短期集中 1か月以内	何を問題として認識？ 個別的な指導と連続的対応 ※一定の終結―謝罪と文書総括 ※加害児童の体験は？	自分を守るための緊急トレーニング ―「からだの安全規則」― 物理的な対応 ―部屋の鍵―	対応グループの報告と方針検討 個別的な対応の検討 軸になる指導をどう設定するか ※安易な措置変更はだめ
中期的取り組み 1～3か月	被害児童との関係把握 「大変なことをした」という認識はあるか 生活の改善と課題提示	安心感の形成のための具体策 心理的ケアの徹底 子ども集団との関係把握	中間の状況報告 ―加害・被害児童，子ども集団。取り組みの評価など日常生活の回復― 養護方針の本格的検討
長期的取り組み 3か月から1年～	職員・園長から状況評価を伝える 何を問題として考えているのかを総括文書 継続的な援助―読書の課題を提示―	被害児童が加害児童になる可能性への対応 心理的ケアの継続	性教育委員会の結成 性の問題を本気で考える職員養成 継続議題として位置づける 方針・総括の柱に性教育を設定

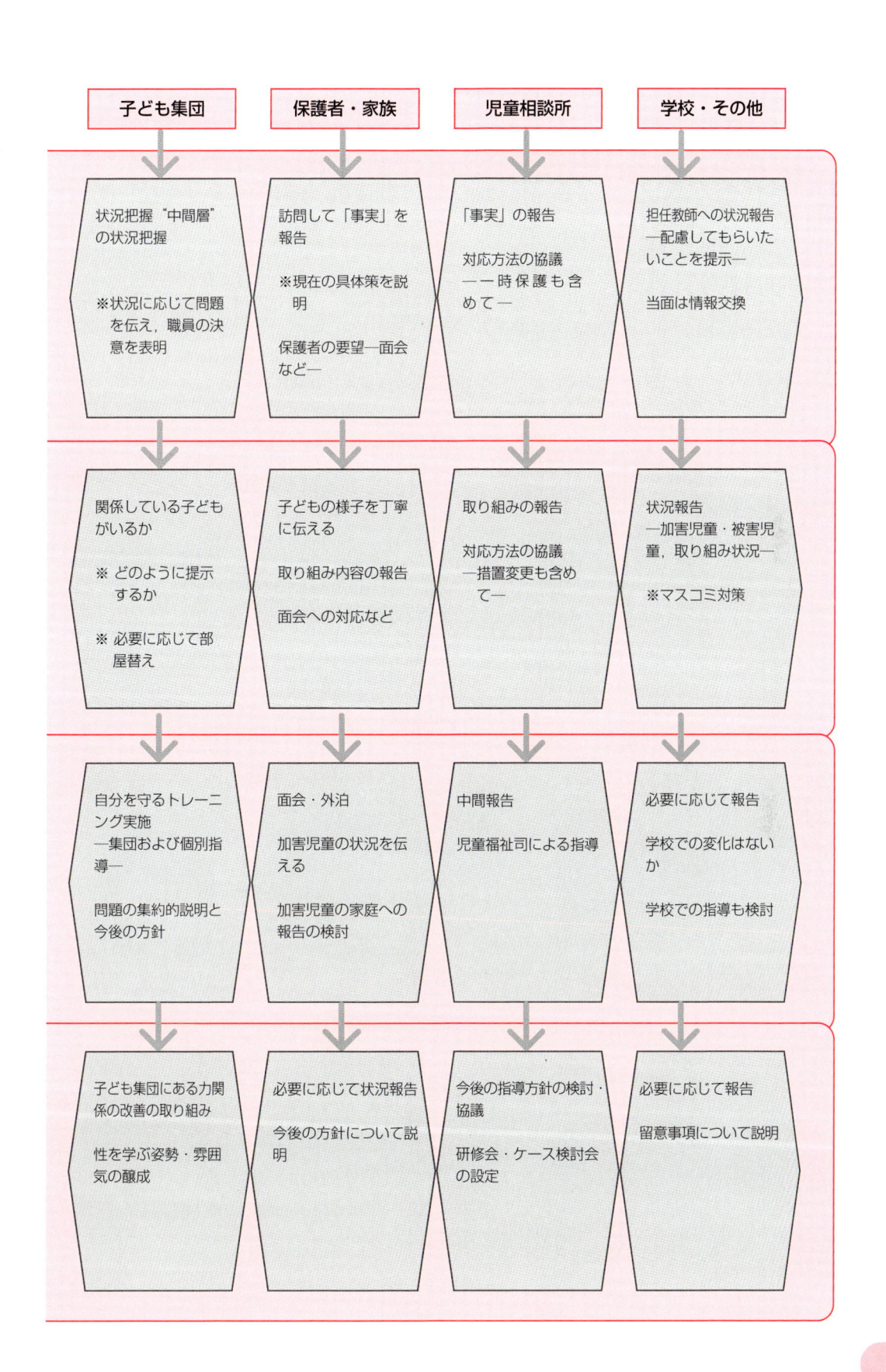

子ども集団	保護者・家族	児童相談所	学校・その他
状況把握"中間層"の状況把握 ※状況に応じて問題を伝え，職員の決意を表明	訪問して「事実」を報告 ※現在の具体策を説明 保護者の要望―面会など―	「事実」の報告 対応方法の協議 ―一時保護も含めて―	担任教師への状況報告 ―配慮してもらいたいことを提示― 当面は情報交換
関係している子どもがいるか ※どのように提示するか ※必要に応じて部屋替え	子どもの様子を丁寧に伝える 取り組み内容の報告 面会への対応など	取り組みの報告 対応方法の協議 ―措置変更も含めて―	状況報告 ―加害児童・被害児童，取り組み状況― ※マスコミ対策
自分を守るトレーニング実施 ―集団および個別指導― 問題の集約的説明と今後の方針	面会・外泊 加害児童の状況を伝える 加害児童の家庭への報告の検討	中間報告 児童福祉司による指導	必要に応じて報告 学校での変化はないか 学校での指導も検討
子ども集団にある力関係の改善の取り組み 性を学ぶ姿勢・雰囲気の醸成	必要に応じて状況報告 今後の方針について説明	今後の指導方針の検討・協議 研修会・ケース検討会の設定	必要に応じて報告 留意事項について説明

5.5 補足

話を聞く際のポイント

- 被害を受けた子どもを責めない
  （例：「あなたはちゃんと拒否したの？」など）
- 性的虐待であると思い込まないこと
- 職員側の都合を優先せず，子ども側に立って話を聞く
- あなたの安全を守るためには秘密にできないこともあるよ，と正直に対応する
- 同じことを聞かないよう，これまでわかっていることを頭に入れて1回で聞く
- 誘導尋問にならないように，開かれた質問（答えが「はい，いいえ」にならない聞き方）で質問する
  （例：「○○はあなたのどこを触ったの？」など）
- 気持ちを聞くこと，引き出すことが最優先。事実確認を優先しない

安心させる言葉かけの例

- 「勇気を出して打ち明けてくれてありがとう」
- 「あなたの言ったことを信じるよ。よく話してくれたね。本当に，ありがとう。このことを言うのには本当に勇気がいっぱいいっただろうね」
- 「そういうことをされたのはあなたのせいじゃないんだよ」
- 「今，あなたが虐待されたことを話してくれたおかげで，私たちは，あなたがまた虐待されないように，あなたが安全でいられるようにするのに万全のことができるの」
- 「話してくれてありがとう。私たちがこのことを知ったからには，そんなことがもう二度と起こらないようにできる限りのことをするからね」

> 子どもが嘘をつくとしたら，虐待されたと言って嘘をつくよりも，（実際には虐待されているのに）虐待されていないと言って嘘をつくことの方が多いのです。*

＊J.A.モンテリオン編著，加藤和生訳『児童虐待の発見と防止　親や先生のためのハンドブック』慶應義塾大学出版会，2003，p.71

性的問題行動を予防するための柱

- □ プライベートゾーンを守ることをはじめとした性教育を行っているか
- □ 職員も，子どもも性に対して肯定的な意識が持てているか
- □ 性に関する質問に適切に対処できるちからが職員に備わっているか

具体的な性教育の視点

- □ 月経・精通の説明がきちんとできるか
- □ 性行為，自慰行為をするうえでのマナーの説明など，戸惑う場面に対処できるか
- □ 年齢に適した「赤ちゃんを産む」ことについて説明ができるか

第6章　その他の問題行動への対応

心構え

子どもたちは，施設の中でずっと過ごすわけではなく，外出したり学校に通ったりと，施設の職員の目が届かないところに出かけることがある。目の届かない場所で問題行動を起こしたり，交通事故に巻き込まれたりと予期せぬ出来事が潜んでいる。とはいえ，職員が付きっ切りで行動を共にするわけにはいかない。事故が起こらないように未然に防止することがとても大切になってくる。

事故を完全に防ぐことは不可能である。しかし，迅速な対応で被害を最小限に抑えることはできる。そして忘れていけないことは，事故後の子どもたちの心身におけるアフターケアである。日頃からそのための準備をしておくことが必要になってくる。

また，施設内でどうにもならない混乱の起こる場合も出てくるであろう。その場合は地域からの援助も必要になってくる。児童福祉施設は，地域の中に存在しているため，地域・学校の協力・信頼を得ることも大切である。

6.1 問題行動への対応

常に最悪の状態を想定することが必要である。

（1）迅速かつ慎重な初期対応
　・初期の対応が，以後の展開を大きく左右する。とくに子どもたちの心理にかかわる問題行動には注意。
　・子どもが心を開くか否かは，最初の対応にかかっている。

（2）指揮系統の明確化
　・会議・打合せなどを頻繁に開き，事故の状況，その後の経過，子どもを取り巻く環境等を把握したうえで，全職員で一貫性のある行動をとる。

（3）客観的な情報のもとでの行動
　・憶測による単独行動は避ける。勝手な判断は避ける。

（4）長い目で見守る温かい心
　・事故の中には，子どもたちの心的状況から発生するものも多い。決して責めてはならず，「温かい目で一緒に解決していこう」という考え方が事故を解決する。

6.2 問題行動の種類

・問題行為－加害　　例：リストカット，登校拒否，いじめ，非行行為，万引き，恐喝
・問題行為－被害　　例：いじめ，恐喝
・事故－加害　　　　例：けんか（いじめ）
・事故－被害　　　　例；交通事故，誘拐

※ 事件を解決するにあたって，小さなことでもいいので，事件の経過，かかわった機関・人との連絡，子どもたちの心境の変化等を必ず記録しておくこと。

6-3 それぞれの場合での対応

1 不登校

不登校になる主な理由
- 学校生活上の影響（友人・教師等の関係，学業不振）
- あそび・問題行動（特定のグループに入っている）
- 無気力（やる気が起きず，なんとなく登校しない）
- 不安などの情緒的混乱（将来への不安，家庭内・施設等の不安・不満）

発見のポイント

☆ 学校から「学校に通っていない」という連絡がある
☆ 同じ施設で生活している子どもたちからの連絡，噂を聞く
☆ 朝になると腹痛や頭痛で学校に行くことを頻繁に拒む
☆ 宿題等をやろうとしない
☆ 部屋から出てこない

対応のポイント

☆ 早期発見・早期対応が最も重要である
☆ 不登校にはさまざまなタイプがある。その子どもの年齢・性格・過去の経験・友達との関係等にかかわってくるため，慎重な指導・対応・援助が必要になる

1．正しい情報を入手する

・不登校になるような原因が学校にあるか，担任の先生に聞く。そして協力を依頼する。
・担任の先生からの情報が少ない場合，子どもの施設での状態を教え，気を付けて観察してもらい，少しでも原因となる情報を得る。

2．適切な声かけ

　これと同時に，不安要素の排除をすることが，必要になってくる。
　友達関係で悩んでいるなら，先生に相談し該当の子どもとの，調和を図ってもらう。
　学業が不振なら一緒に勉強し，不安を解決する。

「○○ちゃん，今日はどうしてお腹痛いのかな？」
「○○君，学校で何か嫌なことあったのかな？先生が助けてあげるから，お話してくれないかな」
「無理しないで，保健室に登校しようか！」
など，生徒の年齢によって，声かけも変わってくるので注意。
　職員が味方であること，無理させないこと，声かけするときも，子どもの目線までしゃがみ，目を見ながら言うとよい。
⇒心配している・助けたいという職員の言葉にならない愛情表現を示すことが大切。
　教室まで行かなくても，校門まで，保健室まで…と段階を踏むと子どもも教室復帰しやすい。
　事実が発覚したら，親や児童相談所に連絡する。

3．必要な機関との協力

子どもたちは，大げさな対応を嫌がる。できれば施設と学校内で解決したいが，ケアが長引く場合は，子どものこれからを考え，他機関への相談・協力の要請が必要な場合もある。

◆**いじめの被害の場合はとくに学校の先生と協力し合う。**
保護者的存在である施設の者が出ていくと，余計にいじめに拍車がかかるおそれもあるので，いじめている側の子どもへの対応もなるべく先生に任せて対応してもらう方法もある。担任の先生に相談しても先生が動く様子がなければ学年主任，校長先生などに相談する。
◆**回復の兆しがなければ，思い切ってしばらく学校に行くのを控える危機回避の対応も必要。**
いじめる側にも冷静になる時間が必要である。
◆**直接いじめた子や，いじめた子の親への対応は学校側と相談・検討する。**

4．今後の経過を観察

◆登校をしていた子どもの，小さな心境の変化，かかわった機関とのケアを，今後のために必ず記録しておく。
◆いつ再発するかわからないため，その子どもの観察は続ける。

2 恐喝

恐喝(加害)にかかわる主な理由
・学校生活上の影響（友人・教師等の関係，学業不振）
・あそび・問題行動（特定のグループに入っている）
・ストレスの発散
・お金への欲望

発見のポイント

☆ 新しい衣服・持ち物等がやけに多い
☆ お小遣い・お金の話をしたがらない
☆ 同じ学校に通っているほかの子どもからの話
☆ 同じ部屋の子どもの話

対応のポイント

☆ 感情的にならず，事実や行為を確認する
☆ 学校からの連絡を参考にする
☆ 威圧的な対応にならないようにする
☆ 他の子どもも関わっているか否か
☆ いじめに関係している可能性もあるので，他の子どもたちとの関係にも目を向ける

1．適切な声かけ

「あれ，そのバッグ新しいね？」
「お小遣いは足りているの？」
　施設によって，お金の管理の方法，中高生のアルバイトの有無が変わってくるため他の職員・学校側との協力が必要。最初は単なる噂の可能性もあるため，事実の確認が大切。

2．事件の発覚

「そのお金は，どうして君の手元にあるのかな？」
と，お金の出入りについて，具体的に話してみる。
　ただお金が欲しいだけで行った行為ではなく，内面にも問題がある可能性を考えること。恐喝は重い犯罪であることを伝える。

恐喝（被害の場合）
　事実が発覚したら，該当生徒の保護者，被害者の保護者とも連絡を取りあえるようにする。
　場合によっては警察への連絡も必要になるため，それぞれ職員一人・施設側が単独で行動するのではなく，児童相談所や学校の担任の指示に従うこと。
　場合に応じて，被害児を一人にさせないように，集団登校または職員が送り迎えをする。

3．事件後の経過を観察

◆加害児・被害児の場合，どちらとも温かく見守り，その子どもを尊重すること。
◆施設内の他児に噂を広げないように関係の子どもに注意する。
◆その後の学校での様子にも気を付ける。
◆何か不安なことや行動があり，対応に困った場合，必ず学校や他機関とも相談すること。
◆起こった行動や，問題発言，事件解決への推移は必ず記録に残す。

３ 自傷行為

自傷行為をする主な理由
・この世界から消えてしまいたいほど，嫌なことがある
・血を見ることで，自分が生きていることを実感できる
・心配されたい・愛されたい
・興味・関心，まねごとから
・メディア（漫画，ニュース，ゲーム）からの悪影響

> **発見のポイント**
>
> ☆ 手首にたくさんの傷跡
> ☆ どんなに暑くても,肌を露出しない
> ☆ 裸を見られることに,必死に隠そうとする(お風呂などで)
> ☆ 洋服,部屋の床に意味不明な血・血痕のあと
> ☆ 「死にたい」と言う
> ☆ 身の回りの整理,別れの用意
> ☆ 突然の変化(成績の急落・引きこもり・飲酒・薬物乱用・不眠・食欲不振)
> ☆ 他の子どもたちや学校からの噂,連絡

> **対応のポイント**
>
> ☆ 早期発見,早期治療
> ☆ すぐに他の職員や,児童相談所,心理カウンセラー等,緊急態勢を整える
> ☆ 他の子どもたちには,わからないように対応する
>   (もし知ってしまったら,該当の子どもに事の重要さと緊急性を伝え,他の子どもには心配かけないように,変な噂が流れないようにする)
> ☆ 問題児童とのかかわりを慎重にする(言葉かけ,態度)
> ☆ 保護者にも連絡して,問題児童と良好な関係であれば協力してもらう
>   (関係によっては,報告するタイミングを考慮すること)
> ☆ 学校側にも連絡して,学校生活において注意を払ってもらう

1.自傷行為の発見

　低学年の子どもは,比較的入浴時など身体をチェックしやすいが,高学年の場合は難しい。また,発見時に焦って勘違いして事を大きくしてはならないため,慎重なチェックが必要である。他の子どもたちにも協力してもらうのもよい。その場合不安にさせるような言葉がけは禁止。
　例:「○○ちゃん,最近元気ないけど,どうしたのか知ってる?」
　　　(「○○ちゃんのからだに傷痕があったけど,転んだりしたのかな?」といった直接的な言葉は避ける。)

2.本人との接触

「○○ちゃん,最近元気ないね? 何か嫌なことあったの?」
・あくまでもさりげない会話が大切。できれば,一番信頼関係を築けている職員が好ましい。問題児童は,職員の言動にとても敏感になっているので,ゆったりと自然体でいること。
・問題児童と会話をして,その子どもの不安を除く努力を行う。問題の重大さにもよるが,焦りは禁物。職員会議・打合せなどを通して,情報収集,今後の方針を一貫したものにする。
・担当ではない職員も,その子どもには注意を払う。
※状況にもよるが,不安がなくなれば,自傷行為も軽減しやすくなるので,根底にある問題にアプローチするように取り組む。
※どうしても,自傷行為を止めないような緊急性を要する場合は,不安の解決より,自傷行為を止めることを優先する。

3．自傷行為の現場に遭遇した場合

・まずは，自傷行為自体を止めさせる。
・その子どもの身体が安全かどうか調べる。
・他の職員の助けを呼ぶ。あまりにも血が止まらない場合は，病院へ連れていく。
・他の子どもが居合わせてしまった場合，別の職員がその子どもを別室に連れていき，動揺をさせないように気を落ちつけること。
・問題児童を他の子どもたちから見えない部屋に連れていく。
・ここで一番大切なことは，職員がびっくりして動揺しないこと。職員の動揺が，子どもたちの混乱を招く。

4．話を聴く

・自傷行為を発見された子どもの場合は，きちんと注意すること。頭ごなしにしかるのではなく，何で自分のからだを傷つけてほしくないと思っているのか，職員の心情を伝える。
　「つらい，苦しいことがあるんだね。話してみてくれる」
　「○○ちゃん，最近，どんなことがあったのかな？」
・あなたは一人ではなく，愛されていることを伝えることがポイント。
　「△△ちゃん，こんな○○ちゃん見てすごい悲しい顔していたよ，先生もすごく悲しいよ」
・その子どもが落ち着くまで，一緒にいて話を聴く。何でそんなことをしようと思い立ったのかを聞き出す。
　この「話を聴く」過程が一番大切である。
・別の職員は，同時に，見てしまった子どもの側にいて，不安を取り除く。

5．落ち着かせる

・落ち着かせるために，飲み物をゆっくりと飲ませるのもひとつの方法である。
　「今日は，これだけの傷で済んでよかった。少し安心したよ」
・職員が一方的に話すのではなく，ゆったりと時間をとる。くり返している子どもに対しては，医療的ケアも含めた今後の対応について相談する。

6．見てしまった子どもへの対応

・忘れがちなことであるが，実際見てしまった子どもの心のケアもとても大切である。
　「○○ちゃんは，もう大丈夫だから，安心してね」
　「このことは，先生と△△ちゃん，二人だけの秘密にしようね。約束だよ」
・その子どもが落ち着くまで一緒にいる。

7．その後の対応

・入浴時など，まったく知らない子どもたちに気付かせないように配慮する。
・その後も，その子どもの行動に注意を払う。
・それまでの経緯を詳しく，記録に残す。
・学校，児童相談所，心理カウンセラー，保護者，他の職員等に必ず報告する。
・生きていくことが辛いと思って悩んでいる子どもには，楽しい思い出を作ってあげることが効果的である。

4 いじめ

> いじめ（被害）（加害）の主な理由
> ◆ 加害－学校や施設での，不満・不安
> 　　　－勉強・友達関係での悩み
> 　　　－力の誇示
> 　　　－ストレスのはけ口

発見のポイント

◆ 加害
　☆ 同じ学校から通う友達からの連絡，噂
　☆ 学校・保護者からの連絡
　☆ 落ち着きがなく，横暴な態度が見られる

◆ 被害
　☆ 不登校
　☆ 突然の変化（食欲不振・学業不振）
　　・からだのさまざまな箇所に原因不明のけが
　　・お金を欲しがる
　☆ 落ち着きがなく，オドオドしている

対応のポイント

☆ 早期発見・早期対応が最も重要
☆ （とくに被害の場合）子どもの立場に立ち指導・援助をする
☆ 対象となる子どもの学年，性別，性格，家庭状況等により，対応方法が異なるため，一人では対応に困った場合は，他の職員に相談したり，会議で話し合う
　とくにいじめられた子どもに関しては，慎重な対応が必要になってくる

1．いじめへの疑い

◆被害の場合
　・落ち込んでいたり，部屋に閉じこもったり，あるいはそわそわして落ち着きがなく，学校へ行くことを嫌がる　→学校で嫌なことがあるのかと疑いをもつ
　　（p.39 不登校）

2．適切な対応

◆加害の場合
- いじめている子どもに対して，いじめの側に立っていることへの認識があるかどうかの確認
  → あり　その問題を指摘し納得させる（場合によっては，厳しく）
  　「自分がやられて嫌なことがあったでしょ。それを思い出してみてごらん」
  → なし　いじめられている側の辛さを教える
  　「もし，○○ちゃんが，帰るときに靴がなくなっていたり，体育着に着替えるときに誰かに隠されたらどう思う？　嫌だよね？　△ちゃん，悲しいと思うよ。自分が嫌なことは，相手にしてはいけないんだよ」
- いじめている意識が乏しい場合，さまざまな角度から，その問題点を考える材料・話題を提起し続けること。
- 加害児童が納得したうえで，該当児童と職員が，いじめられた子どものところへ謝りにいく。
- 対応に困った場合は，必ず学校の先生と相談し合うこと。
- 保護者にもきちんと報告，連絡，相談することが，保護者と施設との連携をつくる。

5 その他の問題行為

> **問題行為の主な理由**
> - 家庭・施設に対する不安や不満
> - 友達からの強制・勧誘
> - 興味・関心

発見のポイント

☆ 同じ学校に通う子どもたちからの連絡
☆ 先生，警察，地域の人からの情報
☆ 施設内で，タバコが発見される
☆ 突然の食欲不振，やる気低下，引きこもり気味
☆ 学校に行きたがらない，落ち着きの低下
☆ どこに何をしに行ったのか，何時に帰ってくるかわからない

対応のポイント

☆ 早期発見，早期対応
☆ 事実の確認
☆ いじめをしているという意識の有無
☆ 自らの意思で行ったかどうか
　（場合によっては，グループのボス的存在に強制された可能性もある）
　→いじめ，不登校につながる可能性もあるので，早めに解決することが大切
☆ 他機関との連携はとても大切になるので，必要に応じて相談する

第7章 安全な外出・外泊への対応

心構え

　この章には，入所している子どもが外出・外泊するときに注意するポイントと，予想される問題への対処法（フローチャート形式）がまとめてある。

　各項目で注意すべきポイントは※で記してあるが，それらは"子どもの安全を守るためのチェックポイント"であり，決して子どもたちを管理・監視する体制にならないよう注意が必要である。

　日常的な危機管理（外出先での万引き・けんか等の問題を起こさないための生活指導）については「日常的な危機予防について（p.6）」を参照し，日頃から事故防止に努める。

　外出先で子どもが事故・災害等の問題に巻き込まれた場合に即時対応できるよう，日頃から施設内，及び地域でのネットワークをつくり，またさまざまな機関の連絡先を知っておかなければならない。

・子どもが外出する際，次の項目についてチェックする。
　（緊急時に重要な手がかりとなる）

外出時チェックポイント
☐ どのような服装をしているか
☐ どこへ行くのか
☐ 誰と行くのか
☐ 何をしに行くのか
☐ 帰園時間は何時になるのか，あるいは「○時までに帰ること」を伝えたか
☐ お小遣いを持っていくか，いくら持っていくのか
　（※金銭管理能力をつけるため，収支記録はきちんとつけるよう指導する）
☐ 「何かあったらすぐに，必ず施設に連絡するように」と伝えたか

◎もしもの場合に備え，子どもに施設の連絡先が書かれたものを持たせておくとよい。

7-1 外出

❶ 子どもだけで外出する場合　…買い物など

```
┌─────────────────────────────┐
│ 外出するときの状況把握をする      │
│ （p.46のチェックポイントを参照） │
└─────────────────────────────┘
              │
              │  ※健康状態・最近の様子に
              │    ついても注意を払うこと。
              ▼
┌─────────────────────────────┐
│ 無事に帰園したら状況把握をする    │
└─────────────────────────────┘
```

※出かける前と変わったところはないか，どんな外出だったか，お小遣いを持っていた場合は何にいくら使ったのかなど，自然な関係でコミュニケーションをとってきちんと把握する。

もしもこんなときは・・・！

- **けがをした！　事故に遭った！**
  …自力で帰園した場合はけがの具合を確認したのち，必要に応じて病院に連れて行く。また，事故時の状況について子どもに状況説明を求める。
  警察や病院から連絡があった場合はその指示に従う。（参照：p.52，7－4．交通事故への対応）

- **災害が起こった！**
  …p.51，7－3．所在不明のフローチャートを参照する。

- **帰園する時間になっても帰って来ない！　連絡もない！**
  …p.51，7－3．所在不明のフローチャートを参照する。

- **職員に断りなく外出してしまった！**
  …p.51，7－3．無断外出のフローチャートを参照する。

❷ 子どもが職員と一緒に外出する場合
   …お出かけ，散歩など

```
┌─────────────────────────────┐
│ 外出するときの状況把握をする     │
│ （p.46のチェックポイントを参照）│
└─────────────────────────────┘
            │   ※子どもの人数・健康状態・最近の様子
            │     についても注意を払う。
            │   ※職員は引率する子どもの数に合わせて
            ▼     増やす。
┌─────────────────────────────┐
│ 外出先では定期的に人数確認をする │
└─────────────────────────────┘
            │   ※単独行動は極力させないように注意を
            │     払うこと。
            │   ※道路や駐車場では車に注意し，交通ル
            ▼     ールを守らせる。
┌─────────────────────────────┐
│ 無事に帰園したら，              │
│ 再度人数と全員の様子を確認する   │
└─────────────────────────────┘
```

もしもこんなときは・・・！

- **子どもがけがをした！　事故に遭った！**
  …けがをしたときは，けがの具合をみて応急処置が可能な場合は手当てを行う。必要に応じて病院で診てもらう。また，必要に応じて警察へ通報をする。

- **子どもを引率中に自分がけがをした！　事故に遭った！**
  …自力で動ける程度のけがであれば，引率した子どもの状況把握と安全確保を優先する。
  けがの症状が重い場合は警察・病院の対応に任せる。
  その際，可能な限り施設の他職員に連絡をとるか周囲の力を借りて，引率した子どもへの対応にあたる。

- **災害が起こった！**
  …常に子どもの人数と安全を確認しながら，安全な場所に避難する。
  可能であれば施設と連絡をとる。

- **不審者に遭遇してしまった！**
  …子どもの安全を最優先に考えて行動する。（参照：p.19，3－5．不審者侵入時の対応）

- **途中でいなくなってしまった！**
  …p.51，7－3．所在不明のフローチャートを参照する。

7-2 外泊

❶ 学校等団体の旅行で外泊する場合
…修学旅行，部活の合宿など

事前に以下のことをチェックする
- ☐ どんな旅行か（修学旅行，部活の合宿など）
- ☐ いつからいつまでの日程か
- ☐ 集合場所・時間と施設を出発する時間
- ☐ 解散場所・時間と帰園する予定時間
- ☐ 交通手段
- ☐ 持ち物
- ☐ 期間中に一緒にいるメンバーについて（友達の様子など）
- ☐ 宿泊所の連絡先・引率責任者の連絡先

※特別に配慮すべき点があれば，事前に引率責任者に連絡しておく。
※必要があれば旅行期間中に本人もしくは引率責任者へ連絡する。

↓

出発当日，健康状態などを確認して送り出す

↓

予定通り，無事に帰園したかどうか確認する

※健康状態の確認と帰園後の様子に注意を払うこと。
※旅行はどうだったかコミュニケーションをとって様子を聴く。
※必要があれば引率責任者に連絡をとる。

もしもこんなときは…！

- **けがをした！　事故に遭った！　災害が起こった！**
  …旅行先の場合は引率教員に任せる。必要に応じて連絡をとり合う。
  施設からの移動中や帰園途中だった場合は，p.51，7-3．所在不明のフローチャートを参照する。

- **旅行先から行方不明になった！　予定していた帰園時間になっても帰らず，連絡もない！**
  …引率教員と連携をとりながら，p.51，7-3．所在不明のフローチャートを参照する。

- **旅行後，様子がおかしい**
  …コミュニケーションをとって様子を把握する。必要があればカウンセラーの診断を受けさせる。
  また，引率教員にも連絡をとる。

❷ 親元へ外泊する場合

外泊時チェックポイント
- □ 子ども本人が外泊を望んでいるか
- □ 親に受け入れる気持ちがあるのか，また親の生活等は落ち着いているか
- □ 現在の親子関係に問題はないか（とくに虐待関係はないか）
- □ 緊急時に親ときちんと連絡がとれるか
- □ 児童相談所や担当ソーシャルワーカー（SW）と情報共有をしたか

※外泊は一時的な家庭復帰である。
親子関係の構築に重要な役割を果たす分，離れていた者同士が再び一緒に暮らすことの難しさや危うさを伴っていることをしっかりと理解し，実現には十分な配慮を忘れてはならない。子どもの成育歴などを考えながら，多面的な見解によって実現させる。

※児童相談所や担当SWと情報共有をした際，懸念事項があれば事前に相談・解決，あるいは引継ぎ書類に書き残し，職員間での情報共有もしっかりと行う。

※外泊が長期にわたる場合は，施設職員か担当SWが途中で連絡をとる。

※帰園後から1週間程度は，子どもに何か変わったことがないか注意深く見守る。

もしもこんなときは…！

- **けがをした！　事故に遭った！　災害が起こった！**
  …外泊先の場合は親に任せる。必要に応じて連絡をとり合い，場合によっては迎えに行くなどする。施設からの移動中や帰園途中だった場合は，p.51，7-3．所在不明のフローチャートを参照する。

- **外泊先から行方不明になった！　予定していた帰園時間になっても帰らず，連絡もない！**
  …親，及び児童相談所と連携をとりながら，p.51，7-3．所在不明のフローチャートを参照する。

- **帰園後，様子がおかしい**
  …コミュニケーションをとって様子を把握する。必要があればカウンセラーの診断を受けさせる。
  また，親と児童相談所にも連絡をとる。

7-3 所在不明・無断外出が起きたときは

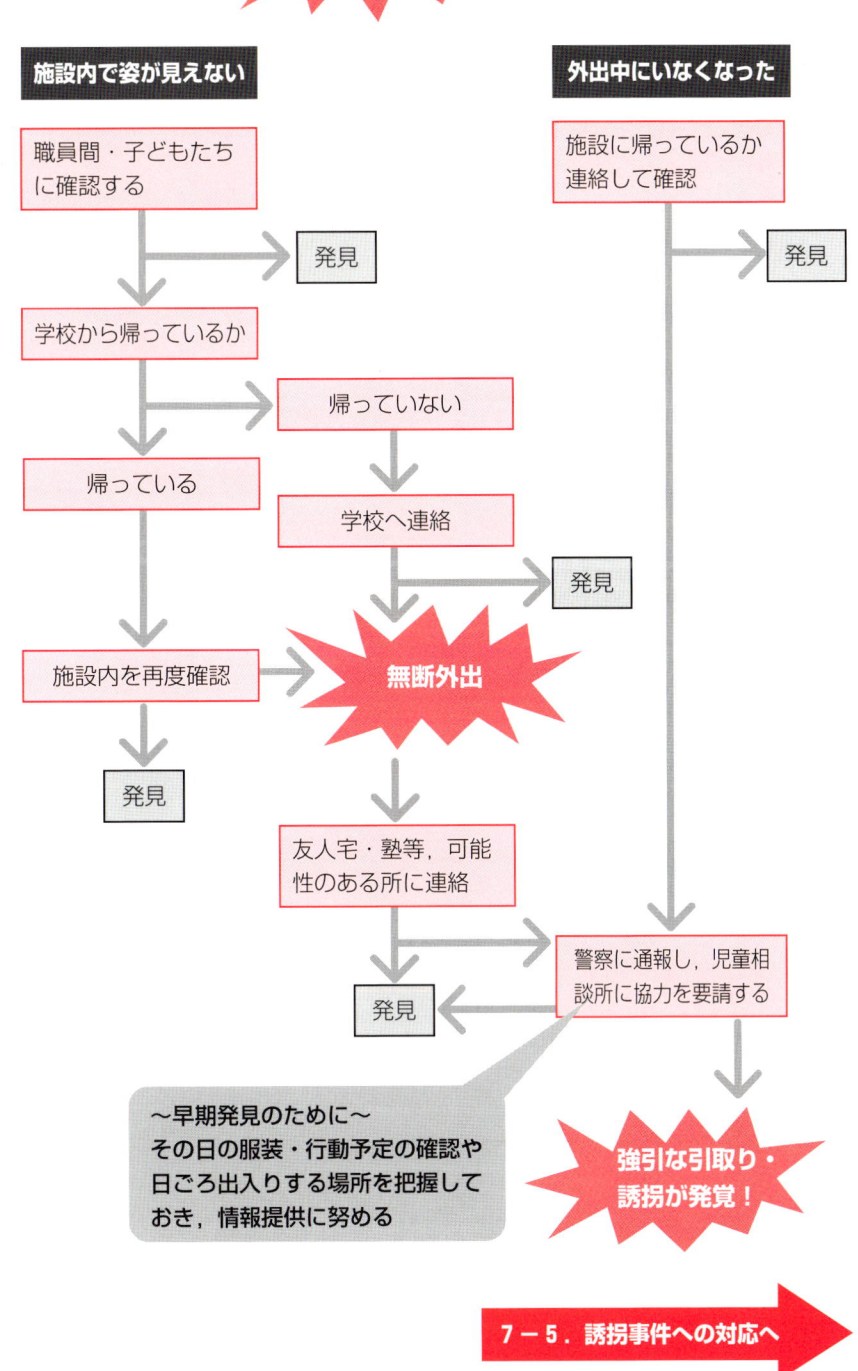

子どもがいない！

施設内で姿が見えない

職員間・子どもたちに確認する
→ 発見

↓

学校から帰っているか
→ 帰っていない → 学校へ連絡 → 発見

↓ 帰っている

施設内を再度確認 → 発見

↓

無断外出

↓

友人宅・塾等、可能性のある所に連絡 → 発見

↓

警察に通報し、児童相談所に協力を要請する

外出中にいなくなった

施設に帰っているか連絡して確認
→ 発見

↓

警察に通報し、児童相談所に協力を要請する

↓

強引な引取り・誘拐が発覚！

→ 7－5．誘拐事件への対応へ

〜早期発見のために〜
その日の服装・行動予定の確認や日ごろ出入りする場所を把握しておき、情報提供に努める

※スムーズな連絡のために、関係各所の連絡先を控えておく。（参照：第9章 ネットワーク）
※外出するときや帰りが遅くなるときはきちんと連絡するように、あらためて話をする。

7-4 交通事故への対応

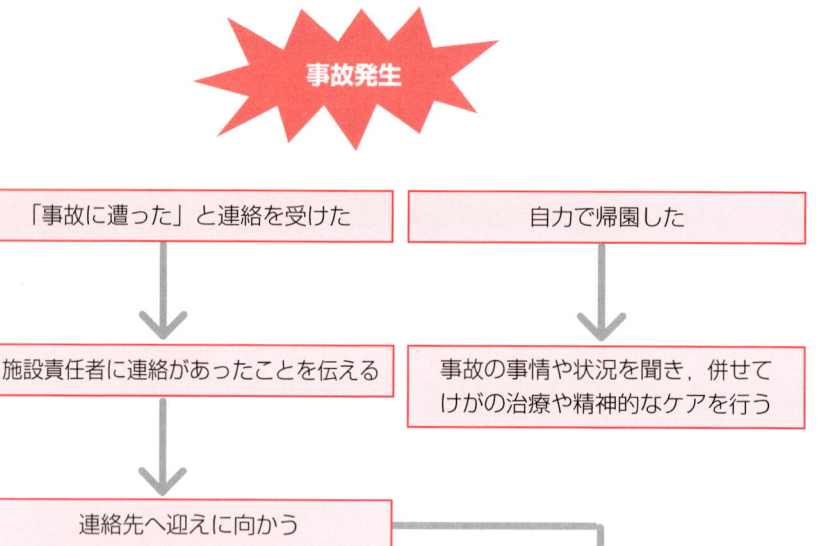

事故発生

```
「事故に遭った」と連絡を受けた          自力で帰園した
        ↓                              ↓
施設責任者に連絡があったことを伝える    事故の事情や状況を聞き，併せて
        ↓                              けがの治療や精神的なケアを行う
連絡先へ迎えに向かう ──────────────────┐
        ↓                              ↓
入所児童が被害者である              入所児童が加害者である
事情聴取や病院での治療を受ける      警察の指示に従い，対応する
      ↓         ↓                      ↓              ↓
   入院する   入院しない           帰園できる      すぐに帰園できない
入院手続き後，  帰園後，けがの治療   　　　　　　　警察の処分に応じて対応
必要な身の回り  や精神的なケアを行う              する
の物を届ける
```

※子どもの場合，自転車での事故が多い。自転車を利用する子ども，とくに自転車登校をしている中高生には日常的に注意を促す。

※状況に応じて子ども本人の話をきちんと聞く。

> 自力で帰園した場合
>   …加害者になっていないか，事故ではなくいじめなどの問題にあってはいないか。
> 警察で拘束を受けた場合
>   …一方的に責めず，子どもの話にも耳を傾ける。そのうえで必要な援助と指導をする。

※けがの程度によっては子どもの保護者に連絡し，事情を説明する。
※本人には帰園後，落ち着いた状態の時に交通安全についての話をする。

第7章 安全な外出・外泊への対応

7-5 誘拐事件への対応

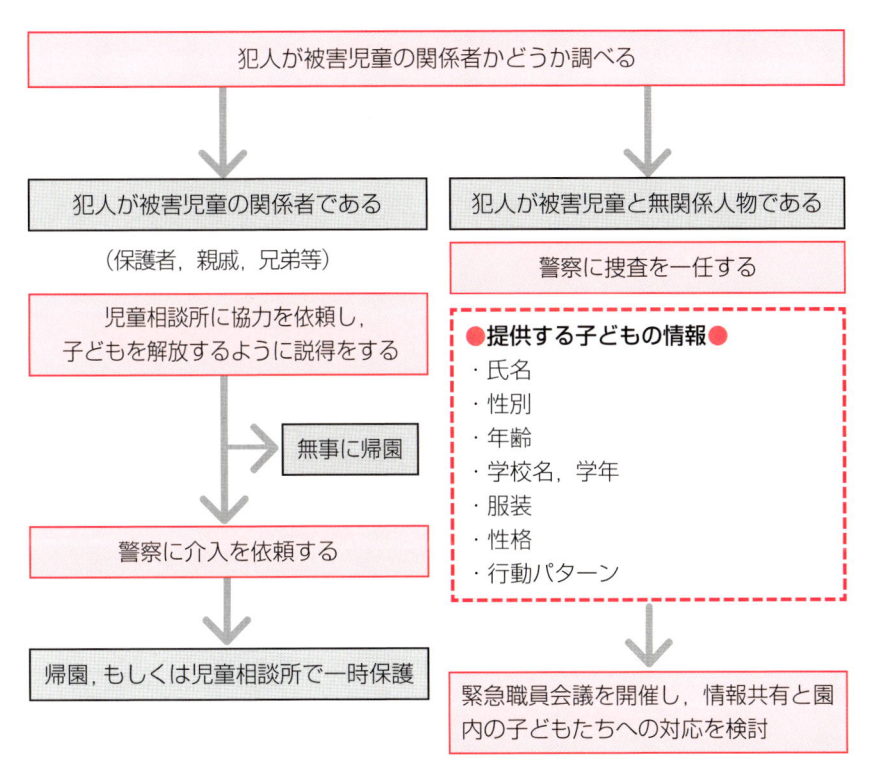

事件発生

```
犯人が被害児童の関係者かどうか調べる
         │
    ┌────┴────┐
    ▼         ▼
犯人が被害児童の関係者である    犯人が被害児童と無関係人物である
（保護者，親戚，兄弟等）
                              警察に捜査を一任する
児童相談所に協力を依頼し，
子どもを解放するように説得をする
    │
    ├──→ 無事に帰園
    ▼
警察に介入を依頼する
    ▼
帰園，もしくは児童相談所で一時保護
```

●**提供する子どもの情報**●
・氏名
・性別
・年齢
・学校名，学年
・服装
・性格
・行動パターン

緊急職員会議を開催し，情報共有と園内の子どもたちへの対応を検討

※帰園後，カウンセラーと連携をとって当事者の子どもに対する精神的なケアをしっかり行う。
※事件解決後は再発防止のため，あらためて会議の場で話し合い，職員各々の危機感を高める。
※保護者には事件のことを早期に連絡し，事情を説明する。

第8章 事故発生後の保護者への連絡と対応

心構え

　事故発生後の対応を的確に実施することは，事故を未然に防止することと同様に重要である。発生した事故は，応急手当によって子どもの被害を最小限にとどめることが可能であると同時に，保護者間とのトラブルを起こさないためにも的確な対応が求められる。

　このことより，事故発生後の対応について職員間で話し合い，共通認識を持つことが不可欠である。子どもの発達の際に生じる事故発生の可能性と対応システムについて，保護者に理解を得ること，そして，施設と保護者との信頼関係を日ごろより構築しておくことが必要である。

8.1 事故発生後の連絡と対応

　この章では，施設で暮らす子どもたちが事故に巻き込まれた際の，保護者への連絡とその対応について説明する。事故によっては，子どもたちが加害者にも被害者にもなることが考えられる。その場合におけるそれぞれの対応についても紹介してある。それぞれ加害児童の保護者と被害児童の保護者とに分けて，時系列によってかかわり方の流れが見てわかるようにフローチャートで表してある。

　事故を未然に防ぐことが重要であることはいうまでもないが，万が一起きてしまった事故に対して的確に対応することも重要である。職員には被害を受けた子どもへの的確な応急処置など，速やかな対応の知識が求められる。また，施設全体としては，その事故の原因と経緯についての正確な把握と，施設としての対応のあり方について話し合い判断することも大切である。

　そこで，職員間での共通認識や保護者への連絡の際に記録を残すことが肝要となってくる。この記録簿は，簡素化されていることが望ましい。8─4にある「事故記録簿」を参考にしていただきたい。また，こうした記録簿の取り扱いについては，それぞれの子どもとその家族のプライバシーにもかかわってくるので，情報の管理などに気をつけなくてはならない。関連機関へ情報を開示する際にも十分な注意が必要となってくる。子どもへの配慮とその保護者との信頼関係を保つためにも，守秘義務を徹底することが重要である。

8:2 事故発生直後の保護者への連絡と対応

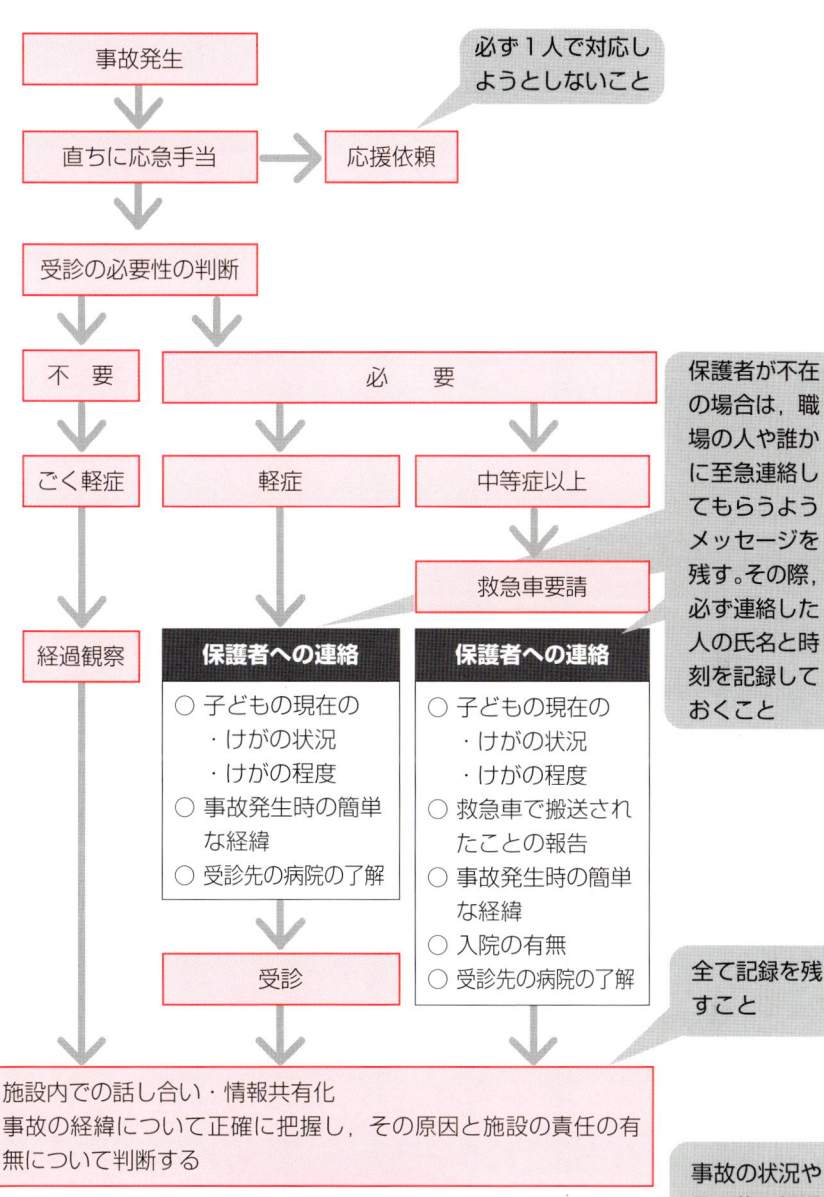

```
事故発生
   ↓
直ちに応急手当 → 応援依頼     （必ず1人で対応しようとしないこと）
   ↓
受診の必要性の判断
   ↓         ↓
 不要        必要
   ↓      ↓        ↓
ごく軽症  軽症   中等症以上
   ↓                ↓
              救急車要請
   ↓      ↓        ↓
経過観察  保護者への連絡  保護者への連絡
```

保護者への連絡（軽症）
- 子どもの現在の
  ・けがの状況
  ・けがの程度
- 事故発生時の簡単な経緯
- 受診先の病院の了解
  ↓
  受診

保護者への連絡（中等症以上）
- 子どもの現在の
  ・けがの状況
  ・けがの程度
- 救急車で搬送されたことの報告
- 事故発生時の簡単な経緯
- 入院の有無
- 受診先の病院の了解

> 保護者が不在の場合は，職場の人や誰かに至急連絡してもらうようメッセージを残す。その際，必ず連絡した人の氏名と時刻を記録しておくこと

> 全て記録を残すこと

施設内での話し合い・情報共有化
事故の経緯について正確に把握し，その原因と施設の責任の有無について判断する

↓ **ひと段落してから**

保護者への報告
・事故の経緯を説明する。
・現時点までに明らかになっている事故原因について正確に話す。
・保護者の質問に対しても，誠実に答える。
・隠したり，曖昧な答え方は，不信を招くので避けるべき。
・再発防止についても話す。

> 事故の状況やその後の経過を具体的に説明するために，「事故記録簿」を使用する →p.58参照

> 説明した内容や保護者からの質問とその答えた内容についても記録を残すことが必要である

8.3 その後の保護者への連絡と対応
―短期・中期・長期的取り組み―

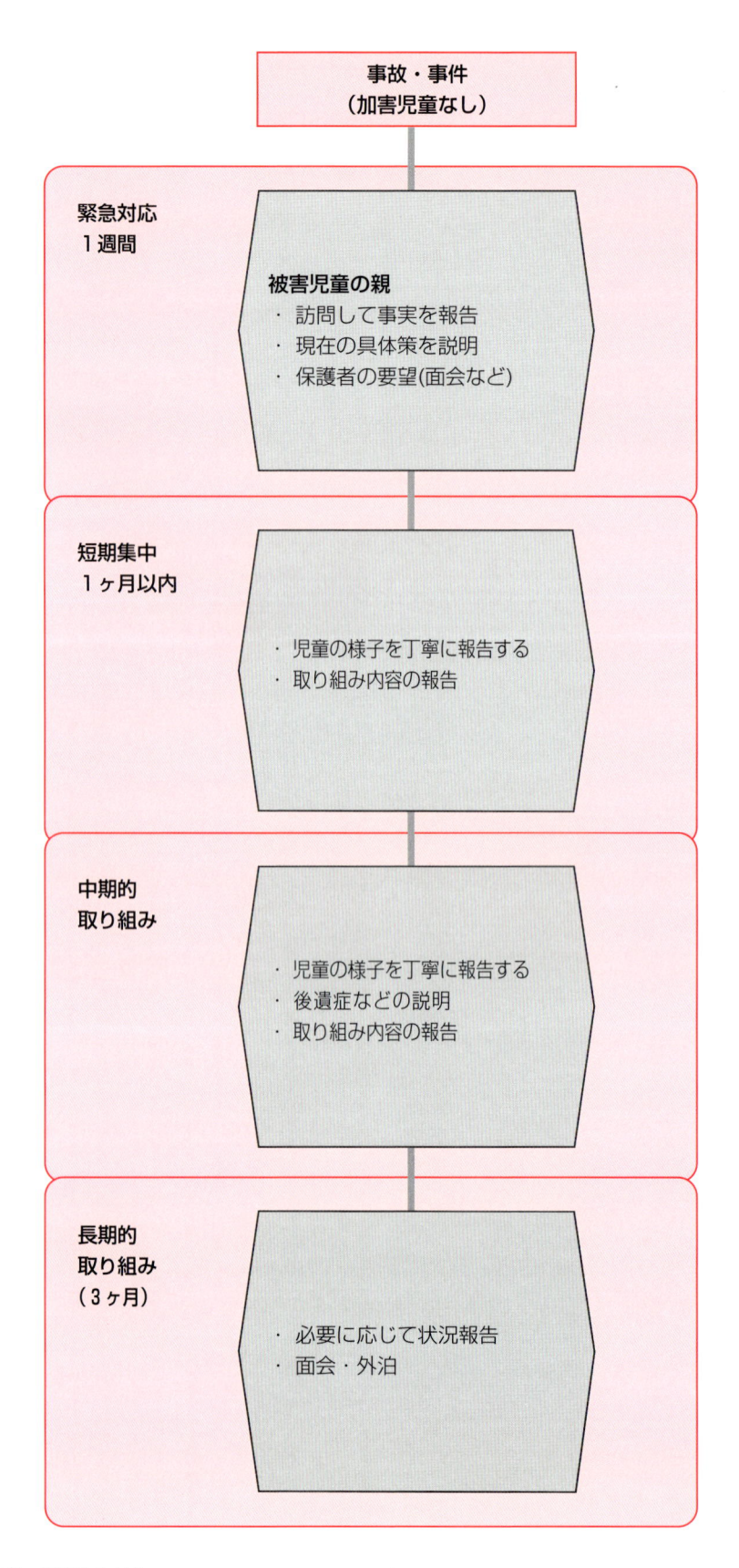

```
                    事故・事件
                  （加害児童なし）
                        │
┌───────────────────────┼───────────────────────┐
│ 緊急対応               │                       │
│ 1週間         被害児童の親                    │
│               ・訪問して事実を報告            │
│               ・現在の具体策を説明            │
│               ・保護者の要望(面会など)        │
└───────────────────────┼───────────────────────┘
┌───────────────────────┼───────────────────────┐
│ 短期集中               │                       │
│ 1ヶ月以内                                     │
│               ・児童の様子を丁寧に報告する    │
│               ・取り組み内容の報告            │
└───────────────────────┼───────────────────────┘
┌───────────────────────┼───────────────────────┐
│ 中期的                 │                       │
│ 取り組み                                      │
│               ・児童の様子を丁寧に報告する    │
│               ・後遺症などの説明              │
│               ・取り組み内容の報告            │
└───────────────────────┼───────────────────────┘
┌───────────────────────┼───────────────────────┐
│ 長期的                 │                       │
│ 取り組み                                      │
│ （3ヶ月）                                     │
│               ・必要に応じて状況報告          │
│               ・面会・外泊                    │
└───────────────────────────────────────────────┘
```

```
                    事故・事件
                   （加害児童あり）
```

緊急対応 1週間	**被害児童の保護者** ・訪問して事実を報告 ・被害児童の様子を丁寧に伝える ・現在の具体策を説明	
短期集中 1ヶ月以内	・取り組み内容の報告 ・保護者の面会への対応	**加害児童の保護者** ・訪問して事実を報告 ・加害児童の様子を丁寧に伝える ・現在の具体策を説明 ・取り組み内容の報告 ・保護者の要望
中期的 取り組み	・児童の様子を丁寧に報告する ・後遺症などの説明 ・加害児童の状況を伝える	
長期的 取り組み （3ヶ月）	・必要に応じて状況報告 ・今後の方針について説明，および保護者の要望	

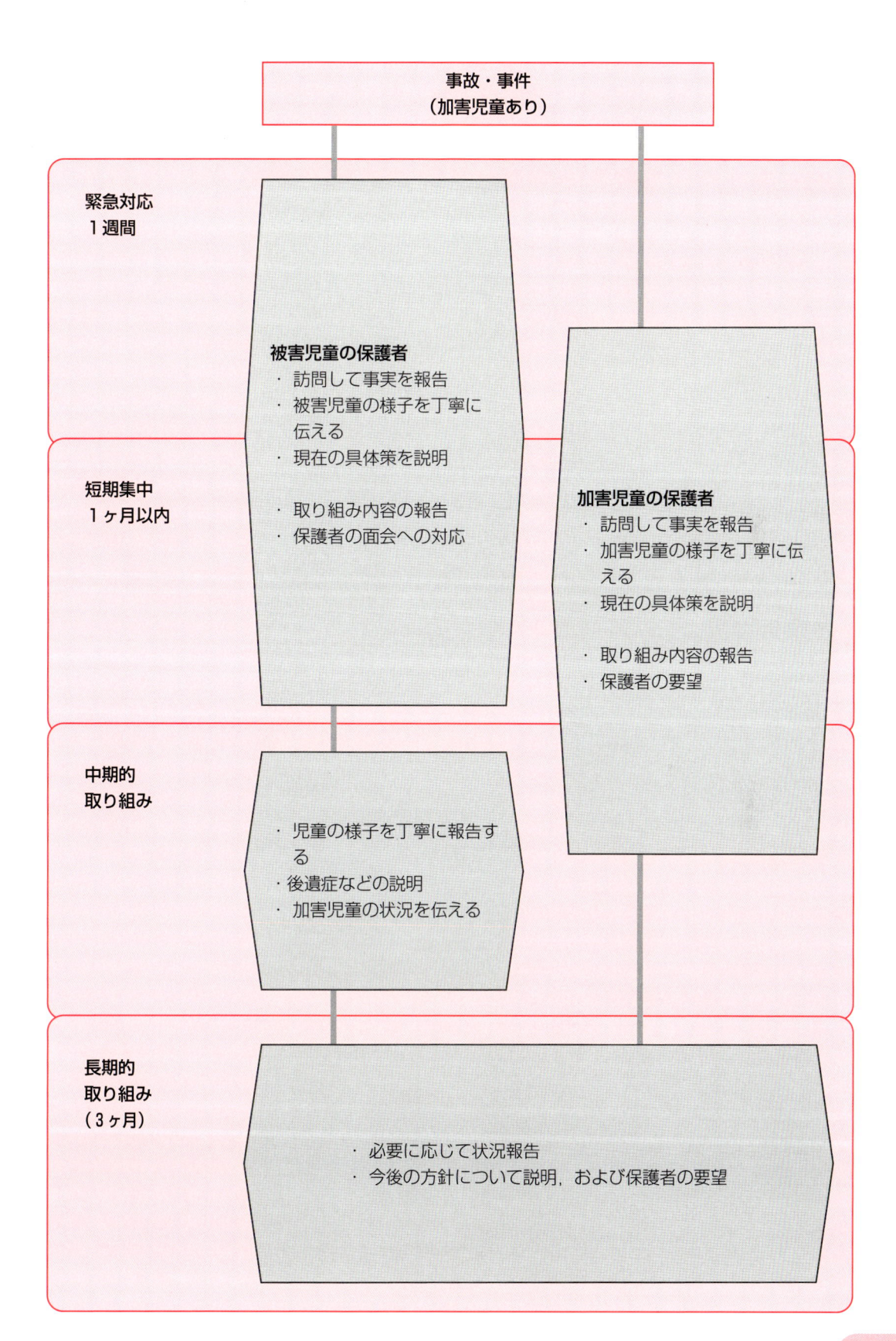

8.4 事故記録簿

事故発生年月日	年　　月　　日（　）			記録者名	
ふりがな 児童名					
事故について	時刻	状　　況		場　所	
	時　　分				
園での処置	時刻	状　　況		受診の必要性	
	時　　分			□不要　　□必要	
保護者への連絡	時刻	連絡した相手		伝言した相手	連絡した職員
	時　　分	□母親　□父親　□その他（　　　）			
	連絡内容		保護者の状況	伝言後，保護者からの折返し連絡	
				□母親　　□父親 □その他（　　　）	
				時刻	時　　分
施設長への連絡	時刻	連絡内容		施設長からの指示	携わった職員
	時　　分				

受診医療機関	病院名			受診科	
受診結果	受診時刻	時　　分	引率者	□ 職員名（　　　）□保護者同伴（　　）	
	疾病名				
	治療内容	担当医師名（　　　　　　）			
受診後，保護者への連絡	時刻	連絡内容(治療経過など)		話した保護者	
	時　　分			□母親　　□父親 □その他（　　　）	
	保護者の受け止め状況，今後の施設と保護者との協力体制など				携わった職員

8-5 情報の取り扱い

◎子どもたちとその家族の情報を守る　**守秘義務**

「保育士は，正当な理由がなく，その業務に関して知り得た人の秘密を漏らしてはならない。保育士でなくなった後においても，同様とする。」（児童福祉法第18条の22）

◎情報を扱ううえで考慮すべき事項

情報の取得
- 適正な方法で相手から取得し，必要な情報だけを取得する。
- いつ，どこで，誰から，どのような方法や経路で得たか記録する。

情報の保管
- 保管する場所や媒体（紙，ビデオテープ，パソコンのデータファイルなど）に考慮する。
- 保管の責任者を決めて管理する。

情報の使用
- 対象者の同意を得る。
- 署名による同意の表示を行えると望ましい。署名がもらえなくても同意を得た記録をとっておくとよい。

相互に関連付けて検討する

第9章 ネットワーク

心構え

　本書では，子どもの「危機」を救うことに重点をおき，あらゆる危機的状況を予測して，対応例，対応における注意点などを整理し提案してきた。自分の前で，子どもの「危機的状況」が起こったとき，もちろんひとりで解決できる問題ではないし，1つの機関だけでは，有効な援助を受けることができない。いくつもの問題を同時に抱え，複雑になっているものに対し，1つの機関から得た情報は一部分であり，そこから行う支援も限られてくる。そこで，危機対応ネットワークを形成していくことが必要となってくる。

　地域・自治体のなかに，どのような子どもの危機に対応し援助できる社会資源（教育・保健・医療・福祉などの行政・民間・NPO組織）があるかを把握し，それらをネットワーク化していくことが私たちの課題となる。

9.1 ネットワークとは何か？

❶ 求められる支援のあり方

　子どもをひとつの面から見るだけであれば，それは部分的な理解となり，子どものことも，子どもが抱える福祉問題も理解したとはいえない。全体像を把握し，理解することが問題解決には必須といえる。そのためには，関係する機関がネットワークを張りめぐらし，連携して，それぞれが役割を分担し，協力して支援していくことが求められる。

全体的な支援

全体像を把握する　→　多面的に支援する

❷ ネットワークをつくるうえで注意すべきこと

①ひとりで抱え込まない。
②時系列で記録に残す。
③役割分担を明確にしておく。
④人権・プライバシーの保護に気をつける。
⑤援助方針を明確にし，共有する。

9-2 さまざまなネットワーク

❶ 地域のネットワークと専門機関のネットワーク

大きく分けて2つのネットワークがある。地域のネットワークと専門機関のネットワークである。

① 地域のネットワーク

援助や保護を必要とするケースを把握したり，ケースにかかわるさまざまな人のそれぞれのニーズを見つけたり，終結したケースを見守り，地域全体で支えていく。

〈地域のネットワークを活用するために〉

◎地域から寄せられる意見を・・・
　・職員全員が周知しておく。
　・反映させるべく，今後の支援体制，方針，対応方法等話し合う場を設ける。
　・職員がひとりひとり，自分の問題として受け止める。

◎園内の支援体制等の情報を繰り返し発信し，新しい情報等も定期的に発信していく。
　（例）通信・電話連絡・協議等

地域のネットワーク

② 専門機関のネットワーク

援助や保護を必要とするケースに，各機関が専門的な支援をしていく。

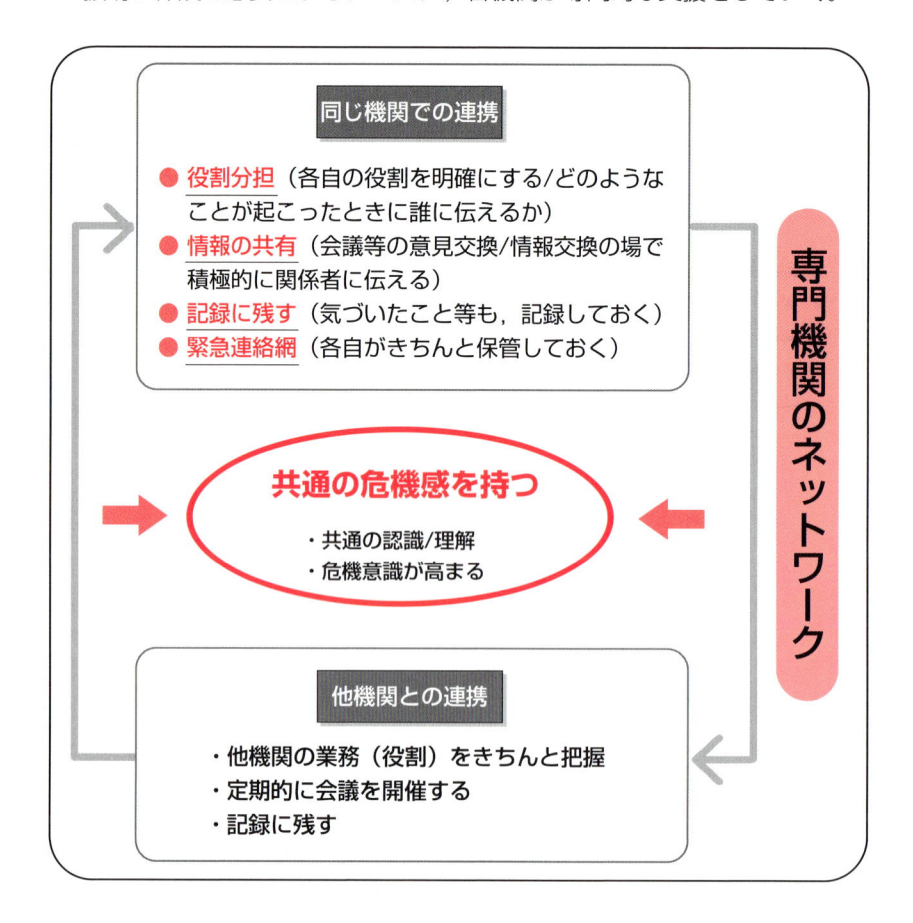

専門機関のネットワーク

【同じ機関での連携】
- 役割分担（各自の役割を明確にする／どのようなことが起こったときに誰に伝えるか）
- 情報の共有（会議等の意見交換／情報交換の場で積極的に関係者に伝える）
- 記録に残す（気づいたこと等も，記録しておく）
- 緊急連絡網（各自がきちんと保管しておく）

【共通の危機感を持つ】
- 共通の認識／理解
- 危機意識が高まる

【他機関との連携】
- 他機関の業務（役割）をきちんと把握
- 定期的に会議を開催する
- 記録に残す

〈専門機関のネットワークを活用するために〉→ 次頁２②を参照

2 同じ機関内の連携と他機関との連携

① 同じ機関内の連携

a．**役割分担**
・緊急時に各ケースに対応し，役割分担することも大切であるが，普段から役割分担することも大切である。全職員がそれぞれの役割を認識しそれを活かす。

b．**情報の共有化**
・意識交換，情報交換をする会議等の場を定期的に設け，共通の認識をする。
・新しい情報も積極的に伝えるようにする。

② 他機関との連携

a．**役割分担**
・ケース担当者が1人で抱え込むこと，1つの機関で抱え込むことを避ける。
・機関ごとに対応が違ったり，重複することを避け，一元化した支援方針，対応等を共通理解する。
・役割を調整し，調整する主な機関（その問題の中心となる機関），責任体制を決める。
・役割分担において，どのような支援に重点をおくかを決める。

b．**情報の共有化**
・定期的に協議する場を設ける。
・緊急度により関係機関に連絡し，緊急会議を行う。

c．**情報の取り扱い**
・プライバシーに配慮し，人権を保護する。
・マスコミ対応等・・・・・個別対応は避ける。

d．**連絡の要点**
（例）
① 施設（園）名
② 施設（園）の住所
③ 電話番号
④ 連絡者名
⑤ 概要の説明
（1）When　　いつ？
（2）Where　　どこで？
（3）Who　　　誰が？
（4）What　　　何を？
（5）Why　　　なぜ？
（6）How　　　どのように？

簡潔に，そして明確に！！

※（注意）
対応に応じた担当者の名前，部署等を聞き，記録すること。

9.3 子どもが暮らすコミュニティ

地域
- 近隣
- 知人
- 家族
- 親族
- 養育家庭
- **里親**

民間団体
- ボランティアセンター
- 地域子育てセンター
- 学童保育
- 図書館
- NPO
- 児童虐待防止の民間団体

法律
- **家庭裁判所**
- **弁護士会**
- 法務局
- 人権擁護委員

警察
- **警察署**
- **交番・駐在所**
- 少年鑑別所
- 少年サポートセンター
- 保護観察所

医療機関
- **総合病院**
- かかりつけ医
- 専門病院
- 診療所
- 夜間休日・診療・救急センター

保健機関
- **保健センター**
- **保健所**
- 精神保健福祉センター

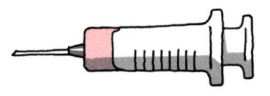

福祉機関

- 保育所
- 児童養護施設
- その他の児童福祉施設
  - 児童自立支援施設
  - 母子生活支援施設
  - 情緒障害児短期治療施設
  - など

- 児童相談所（一時保護所）
- 児童家庭支援センター
- ファミリーサポートセンター
- 児童館（屋内）
- 児童遊園（屋外）
- 婦人相談所

教育機関

- 小学校・中学校・高等学校
- 幼稚園
- 教育相談センター（室）
- 教育委員会

都道府県・市区町村

- 家庭児童相談室
- 生活保護課
- 母子福祉課
- 児童福祉課
- 障害福祉課
- 児童家庭課

- 福祉事務所
- 社会福祉協議会
- 地域権利擁護センター
- 運営適正化委員会
- 健康福祉センター
- 民生委員・児童委員　主任児童委員

- ハローワーク
- 公共職業安定所
- 障害者職業センター

国

- 厚生労働省
- 文部科学省

9-4 関係機関一覧（書き込み形式）

児童相談所

機 関 名	所 長 名	連 絡 先	備 考
⎡　　　児童相談所			
⎣　児童相談所（一時保護所）			
⎡			
⎣			
⎡			
⎣			
・			
・			

【受付時間】
　　月〜金　　　：　　〜　　：
　　土　　　　　：　　〜　　：

（メモ欄）注）日曜・緊急時について記入

福祉事務所

機 関 名	所 長 名	連 絡 先	備 考
⎡　　　福祉事務所			
⎣　家庭児童相談室			
⎡			
⎣			
⎡			
⎣			

【受付時間】
　　月〜金　　　：　　〜　　：
　　土　　　　　：　　〜　　：

（メモ欄）注）日曜・緊急時について記入

保健センター・保健所

機 関 名	所 長 名	連 絡 先	備 考
保健所			

【受付時間】
　　月〜金　　　：　　〜　　：
　　土　　　　　：　　〜　　：

（メモ欄）

行政窓口〔都道府県（児童家庭課）・指定都市/市町村等〕

機 関 名	担 当 者 名	連 絡 先	備 考

【受付時間】
　　月〜金　　　：　　〜　　：
　　土　　　　　：　　〜　　：

（メモ欄）

学校

学 校 名	校 長 / 副 校 長	連絡先	備 考
小学校			
中学校			
高等学校			

【受付時間】
　　月～金　　　：　　　～　　　：
　　土　　　　　：　　　～　　　：

(メモ欄)

交番・駐在所

機 関 名	担 当 者 名	連 絡 先	備 考

（メモ欄）

警察

機 関 名	担 当 者 名	連 絡 先	備 考
警察			
生活安全課			
刑事課			
サポートセンター			

（メモ欄）

保護観察所

機 関 名	保 護 司 名	連 絡 先	備 考

【受付時間】
　　月～金　　：　　～　　：
　　　土　　　：　　～　　：

（メモ欄）

家庭裁判所

機 関 名	担当者名	連 絡 先	備 考
家庭裁判所			
家事審判部			
少年審判部			

【受付時間】
　　月〜金　　：　　〜　　：
　　土　　　　：　　〜　　：

（メモ欄）

弁護士・弁護士会

機 関 名	弁 護 士 名	連 絡 先	備 考
弁護士会			

【受付時間】
　　月〜金　　：　　〜　　：
　　土　　　　：　　〜　　：

（メモ欄）

民生委員・児童委員・主任児童委員

役職名	氏名	連絡先	備考

（メモ欄）

医療機関

病院名	医師名	連絡先	備考

【受付時間】
　　月〜金　　　：　　〜　　：
　　土　　　：　　〜　　：

（メモ欄）注）日曜・緊急時について記入

市区町村教育委員会

機 関 名	担当者名	連絡先	備考
教育委員会			

【受付時間】
　　月～金　　　：　　　～　　　：
　　土　　　　　：　　　～　　　：

（メモ欄）

その他の相談機関等

機 関 名	担当者名	連絡先	備考

（メモ欄）

参考文献・資料

第1章
尾崎新『「ゆらぐ」ことのできる力―ゆらぎと社会福祉実践』誠信書房，1999

第3章
田中哲郎『保育園における事故防止と危機管理マニュアル』日本小児医事出版社，2004，pp.206-280
帆足英一『新病児保育マニュアル』全国病児保育協議会，2000，pp.120-132
佐藤信治『あなたの園の自己点検』全国社会福祉協議会，2002，pp.42-45
『筑波愛児園「危機管理マニュアル」』筑波愛児園，2006，pp.16-32
文部科学省『学校への侵入時の危機管理マニュアル』，2002
『応急手当講習テキスト』埼玉県南西部消防本部 朝霞・志木・和光・新座消防署，東京法令出版
日本赤十字社ホームページ，http://www.jrc.or.jp，2006
社会福祉施設職員のための感染症対策Q&A　稲松孝思，http://www.fukushihoken.metro.tokyo.jp，2004

第4章
会田元明『教育と福祉のための子どもの「問題行動」理解の心理学』ミネルヴァ書房，2005
森津順子『子供の心の悩みと向き合う本』ＫＫベストセラーズ，光文社，2005，pp.111-123，pp.151-164
國分康孝・國分久子『非行・反社会的な問題行動』図書文化，2003，pp.64-69，pp.120-123
小林正行・島崎政男『教師，親のための子ども相談機関利用ガイド』ぎょうせい，2005
栃木県教育委員会ホームページ「児童・生徒指導に関する危機管理マニュアル作成資料」，
http://www.pref.tochigi.jp/gakkou-kyouiku/shidou-suisin/kikikanri-manual/top.htm，2002

第5章
"人間と性"教育研究協議会『子どもたちと育みあうセクシュアリティ―児童養護施設での性と生の支援実践―』
児童養護施設サークル，クリエイツかもがわ，2005
北山秋雄編『子どもの性的虐待　その理解と対応を求めて』大修館書店，1994
J.A.モンテリオン編著，加藤和生訳『児童虐待の発見と防止　親や先生のためのハンドブック』慶應義塾大学出版会，2003
グループ・ウィズネス編『親と教師のためのガイド』明石書店，2004
浅井春夫『子ども虐待の福祉学』小学館，2002

第7章
『筑波愛児園「危機管理マニュアル」』筑波愛児園，2006

第8章
田中哲郎『保育園における事故防止と危機管理マニュアル』日本小児医事出版社，2004
松村和子他編著『保育の場で出会う家族援助論－家族の発達に目を向けて』建帛社，2005

第9章
『新・社会福祉学習双書第9巻児童福祉論』「関係者の連携とネットワークづくり」全国社会福祉協議会，1998
静岡県公式ホームページ「関係機関の連携・協力」，http://www.pref.shizuoka.jp/index.html，2006
埼玉県公式ホームページ「通告後の対応～関係機関との連携」pp.22-23，http://www.pref.saitama.lg.jp/A03/BG00/manual-h1703-4.pdf，2006
岩手県児童家庭課ホームページ「すくすくネット」，http://www.pref.iwate.jp/~hp0359/，2006

監修者：立教大学コミュニティ福祉学部教授　浅井　春夫（あさい　はるお）

著　者：立教大学コミュニティ福祉学部浅井研究室

執筆分担

第1章　浅井　春夫（あさい　はるお）
第2章　飯塚　佑子（いいづか　ゆうこ）
第3章　森　道子（もり　みちこ）
第4章　淺野　あずみ（あさの　あずみ）
第5章　大山　綾子（おおやま　あやこ）
第6章　丸山　寛子（まるやま　ひろこ）
第7章　望月　琴恵（もちづき　ことえ）
第8章　小林　敦代（こばやし　あつよ）
第9章　仁科　逸葉（にしな　いつは）

児童福祉施設・保育所
子どもの危機対応マニュアル

2007年（平成19年）5月25日　初　版発行
2012年（平成24年）1月20日　第4刷発行

監修者　浅井春夫
発行者　筑紫恒男
発行所　株式会社 建帛社 KENPAKUSHA

〒112-0011　東京都文京区千石4丁目2番15号
TEL（03）3944-2611
FAX（03）3946-4377
http://www.kenpakusha.co.jp/

ISBN 978-4-7679-3216-3　C3037
デザイン：さくら工芸社／印刷・製本：壮光舎印刷
©浅井春夫ほか，2007.　Printed in Japan.

本書の複製権・翻訳権・上映権・公衆送信権等は株式会社建帛社が保有します。

JCOPY 〈(社)出版者著作権管理機構 委託出版物〉

本書の無断複写は著作権法上での例外を除き禁じられています。複写される場合は，そのつど事前に，(社)出版者著作権管理機構（TEL 03-3513-6969，FAX 03-3513-6979，e-mail:info@jcopy.or.jp）の許諾を得て下さい。